経営者のための
安全衛生のてびき

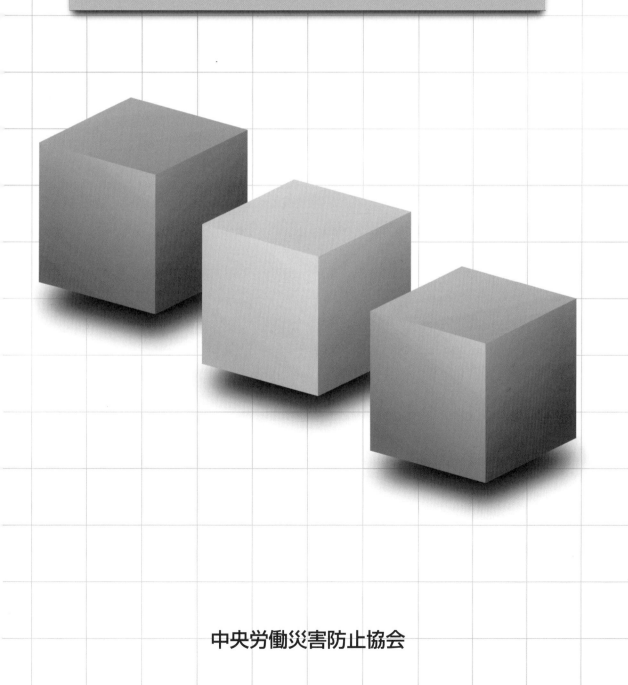

中央労働災害防止協会

まえがき

　労働災害の防止は事業者の責務であり、働く人とその家族みんなの願いです。そのため、どの業種、規模の事業場についても、誰もが安全で健康に働ける職場をつくることが求められています。

　労働災害による死傷者数は、昭和36年をピークとしてその後減少傾向にあります。しかし、今なお、多くの労働者が被災しており、このうち約９割が労働者数300人未満の事業場で発生していて、事業場規模が小さくなるほど災害発生率が高くなるという状況にあります。このため、中小企業における災害防止のために、さらに積極的に安全衛生管理活動を進めることが求められています。

　本書は、中小企業経営者のための安全衛生の手引きとして作成したものです。この一冊を見れば、自分の事業場がどのように安全衛生活動を推し進めていったらよいのかという要点がひと目でわかるように、できるだけわかりやすくまとめています。

　今般、最近の法令改正や安全衛生の動向などを反映して内容を見直し、改訂版を発行することといたしました。

　当協会では、中小企業の経営トップの方々を対象に、安全衛生について理解を深めていただくための研修会を行っています。本書はこの研修会のテキストとなりますが、それ以外にもあらゆる機会に関係者の間で広く活用され、中小企業における安全衛生水準の向上に寄与できれば幸いです。

　令和２年10月

中央労働災害防止協会

『経営者のための安全衛生のてびき』

編集委員名簿（敬称略・役職初版当時）

座　長　増本　清　　労働安全・衛生コンサルタント

安西　愈　　弁護士

河野慶三　　富士ゼロックス㈱　健康推進センター本社産業医

堀野定雄　　神奈川大学工学部助教授（経営工学科人間工学研究室）

＜本書における略称＞

労 働 安 全 衛 生 法：安衛法　　　　特定化学物質障害予防規則：特化則

労働安全衛生法施行令：安衛令　　　　電離放射線障害防止規則：電離則

労 働 安 全 衛 生 規 則：安衛則　　　　酸 素 欠 乏 症 等 防 止 規 則：酸欠則

ク レ ー ン 等 安 全 規 則：クレーン則　　事 務 所 衛 生 基 準 規 則：事務所則

ゴ ン ド ラ 安 全 規 則：ゴンドラ則　　粉 じ ん 障 害 防 止 規 則：粉じん則

有 機 溶 剤 中 毒 予 防 規 則：有機則　　　　石 綿 障 害 予 防 規 則：石綿則

鉛 中 毒 予 防 規 則：鉛則

経営者のための 安全衛生のてびき

第1編

労働災害の予防管理

安全衛生は企業発展の原動力

第1章

　昭和30年代の後半から40年代にかけては、職場でけがをしたり、病気になった人が年間170万人を超え、そのうち7,000人近くの人が尊い生命を失いました。現在でも働く人が労働災害をこうむった数は年間60万人近くおり、そのうちの90%以上が労働者数300人未満の中小規模の事業場で発生しています。

　職場の自動化やロボット化がいくら進んでも、機械の調整やコンピューター内蔵機器のトラブルや故障の管理など人が介在する作業の要求は多く、取り扱う機械の進歩に伴って、より多能工型の知識・技術を有する労働力が必要となります。

　働く人の安全と健康の確保は事業者の責務です。また、貴重な労働力は、企業経営にとって不可欠の資源であり、人なくしては事業の存続はありえません。より安全で健康な職場づくりは、業績を向上させ、企業発展の原動力になるのです。

1 安全第一の企業経営

　多くの工場において「安全第一」の標語が見られます。安全第一の思想は、1906年、米国USスチール社のE.H.ゲーリー会長が会社の経営の根本方針を安全第一、品質第二、生産第三と改めたことに始まるといわれます。単なる標語と見過ごすことなく、経営の基本方針に安全第一を取り入れて安全衛生に関する施策を強めていけば、製品の品質も生産性も向上したという事例はわが国の中小企業にも当てはまるものです。

　また、品質管理についても、企業規模の大小を問わず、多くの企業で製品の不良率を低下させようと努力しています。

　さらに、以前、物を作る過程などで有害物質を排出することにより、環境問題が生じましたが、多くの企業は環境対策に大変な努力をし、効果をあげています。企業はこれら品質管理および環境管理を整えなければ、グローバル化への対応も対外的なイメージアップを図ることもできません。

　今日では、働く人を災害から守る安全衛生管理が、品質管理および環境管理とともに、企業存続のための重要な柱であるという認識が欧米の

多くの企業で定着しつつあり、わが国においても、この３つの分野における対策は今後ますます重要性を増してくると考えられます（図1）。

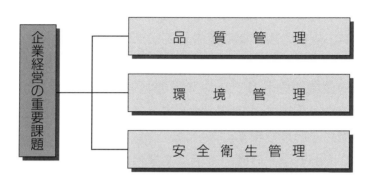

図1　グローバル化時代の経営理念

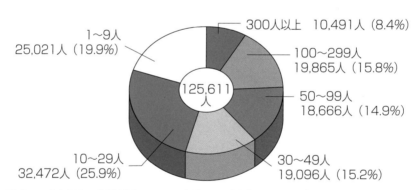

休業4日以上の死傷者数

300人以上　10,491人（8.4%）

100～299人
19,865人（15.8%）

50～99人
18,666人（14.9%）

30～49人　19,096人（15.2%）

10～29人
32,472人（25.9%）

1～9人
25,021人（19.9%）

125,611人

平成31/令和元年の労働災害による死亡者および休業4日以上の負傷者数を事業場の規模別でみると、規模100人未満の事業場で全体の76%の災害が発生している。

図2　事業場規模別死傷災害発生状況（平成31/令和元年「労働者死傷病報告」）

２　中小企業に災害が多発

労働災害の傾向と、その背景を探ってみます。

【1】労働災害の傾向

⑴　事業場規模が小さくなればなるほど、災害発生率が高くなっている。

⑵　労働者の年齢の面からは、若年者と高年齢者に災害発生率が高い。

⑶　事故の型別にみると、転倒が多い。業種別にみると、製造業では、はさまれ・巻き込まれ災害、建設業では墜落・転落災害が多い。

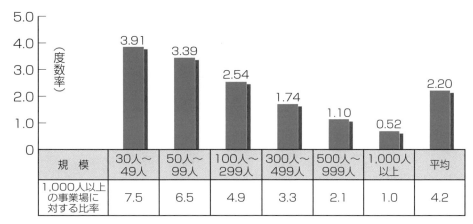

規　模	30人～49人	50人～99人	100人～299人	300人～499人	500人～999人	1,000人以上	平均
1,000人以上の事業場に対する比率	7.5	6.5	4.9	3.3	2.1	1.0	4.2

労働災害の発生率（度数率）を事業場の規模別にみると、事業場の規模が小さいほど高くなっており、労働者数30～49人規模の事業場においては同1,000人以上規模の事業場の7.5倍となっている。

図3　事業場規模別労働災害発生率（平成30年「労働災害動向調査」）

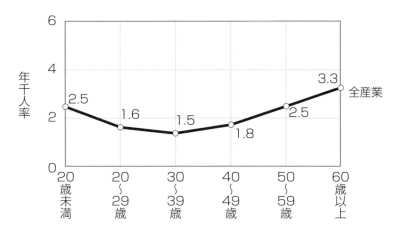

図4　年齢別年千人率（休業4日以上）（平成31/令和元年「労働力調査」、「労働者死傷病報告」）

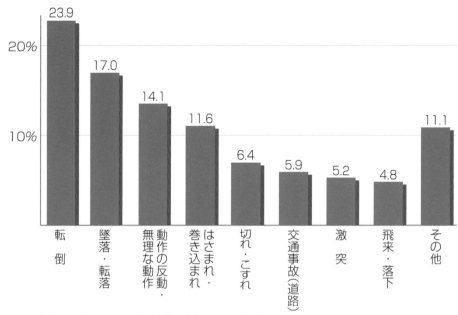

図5　事故の型別労働災害発生状況 （平成31/令和元年　死傷者数 125,611 人
の割合、全産業、「労働者死傷病報告」）

【2】災害発生の背景

　労働災害発生の背景要因として、次の事項が考えられます。

(1)　災害防止は、安全管理者などのスタッフ担当者や安全衛生委員会
　　の仕事だと思っている経営者が少なくない。また、ラインの管理・
　　監督者の安全衛生についての職責が明確になっていないことも多い。

(2)　安全衛生は、品質管理と異なり、努力して安全衛生の水準を向上
　　させても、その成果を経済面で直接的に証明することが難しい。

(3)　安全装置の設置など機械設備の改善にかなりの経済的な負担を伴う。

(4)　労働安全衛生法に事業者の責務が明確にされ、具体的に講ずべき
　　措置が定められていても、そのことが十分理解されていない。

表1　労働安全衛生法

> （目的）
> 第1条　この法律は、労働基準法（昭和22年法律第49号）と相まつて、労働災害の防止のための危害防止基準の確立、責任体制の明確化及び自主的活動の促進の措置を講ずる等その防止に関する総合的計画的な対策を推進することにより職場における労働者の安全と健康を確保するとともに、快適な職場環境の形成を促進することを目的とする。
>
> （定義）
> 第2条　この法律において、次の各号に掲げる用語の意義は、それぞれ当該各号に定めるところによる。
> 　1　労働災害　労働者の就業に係る建設物、設備、原材料、ガス、蒸気、粉じん等により、又は作業行動その他業務に起因して、労働者が負傷し、疾病にかかり、又は死亡することをいう。
> 　2　労働者　労働基準法第9条に規定する労働者（同居の親族のみを使用する事業又は事務所に使用される者及び家事使用人を除く。）をいう。
> 　3　事業者　事業を行う者で、労働者を使用するものをいう。
> 　3の2　化学物質　元素及び化合物をいう。
> 　4　作業環境測定　作業環境の実態をは握するため空気環境その他の作業環境について行うデザイン、サンプリング及び分析（解析を含む。）をいう。
>
> （事業者等の責務）
> 第3条　事業者は、単にこの法律で定める労働災害の防止のための最低基準を守るだけでなく、快適な職場環境の実現と労働条件の改善を通じて職場における労働者の安全と健康を確保するようにしなければならない。また、事業者は、国が実施する労働災害の防止に関する施策に協力するようにしなければならない。　第2項、第3項（略）

3　災害防止活動のメリット

　職場で、安全衛生管理を進めていけば、その努力に応じて必ず成果が出てきます。災害防止の努力によって、個人、集団が受ける直接、間接的な効果を次にあげてみます。

(1)　働く人を大事にするということが職場の一人ひとりに理解され笑顔で、明るく仕事ができるようになる。その結果、労働者個人が持っている能力が十分発揮される。

(2)　働く人と会社との一体感が生まれ、経営トップの意向が管理・監督者を通して職場に伝わりやすくなり、作業指示が徹底して仕事の能率があがる。

(3)　災害防止の努力が品質と生産性に好影響を与えて業績が向上し、良質の労働力が定着するようになる。

(4)　災害が減少すると労災保険のメリット制により、保険料負担が軽減される。

(5)　安全配慮義務不履行などで発生する損害賠償による費用負担の必要がなくなる。

● ポイント解説 ●

　災害防止の努力をすることによって、職場に存在する「ムリ、ムダ、ムラ」の「3ム」、および「危険、汚い、きつい」の「3K」を排除でき、いきいきと働く雰囲気が生まれ、労使一体となった経営活動が展開され、企業を繁栄に導くことになる。すなわち、安全衛生は企業発展の原動力である。

安全衛生管理の基本

第2章

安全衛生管理の原点は予防管理です。けがや病気が発生する前に、職場に潜んでいる災害が発生する要因を探し出し、可能な限り早目に災害の芽を取り除くのが事故の予防管理です。以下に職場における災害事故の防止をどのように進めていくのかを述べます。

1 労働災害はこうして発生する

物を製造したり、加工する生産現場としての事業場には、多くの場合大きなエネルギーで運転される動力機械や有害物質の発散源があります。職場には労働者と危険機械や有害物質との接点があり、オフィスや家庭に比べてはるかに高い災害ポテンシャル（災害が発生する危険性）が存在しています。そのため、防護措置などの対策を怠ったり、対策が不十分であると、いつでも重篤な労働災害が発生する可能性があるのです。ここでは、過去に職場で発生した災害事例について、災害発生の経過、要因などを分析し、どうして職場で労働災害が発生するのかについて検討してみます。

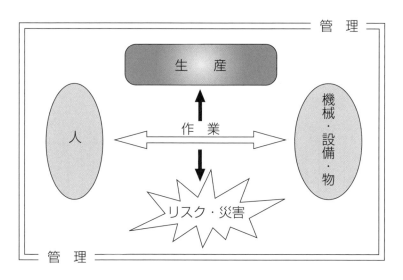

図6　仕事の流れ

【1】災害事例

　所用のため外出していた作業者が、職場に戻って止まっていた動力プレスの起動スイッチを入れたところ、溜まっていた金属屑の除去作業をプレス機械内部に上半身を入れて行っていた同僚が、降下してきたスライドに挟まれた。

【2】発生原因

　災害の発生状況から、次の2つの事項が災害の直接原因であると考えられます。

(1)　不安全状態：プレス機械内部の金属屑を除去する作業中に、スイッチ操作によりスライドが降下する状態になっていた。

(2)　不安全行動：操作盤からは死角になっていた箇所で同僚が金属屑を除去していたことを確認できずに起動スイッチを入れた。

　直接原因から遡って、さらに基本原因についてもう少し掘り下げて検討してみると、次の4つの事項が認められました。

(1)　プレス機械が、内部に溜まってくる金属屑を除去するためにスライド部に立ち入らなくても、自動的に排出できる構造になっていない。(設備的要因)

(2)　プレス機械に取り付けられていたシャッターには、リミットスイッチが設けられていたにもかかわらず、これを無効にしていた。(作業的要因)

図7　災害発生状況図

⑶　動力プレスの電源を切らないで、しかもスライドが不意に降下することを防止するための安全ブロックを使用せず、スライド部に立ち入った。（人間的要因）

⑷　プレス機械の清掃・点検などのいわゆる非定常作業に関する作業マニュアルを作成していない。またプレス機械作業主任者の職務が適切に行われていなかった。（管理的要因）

　以上の災害発生にかかわる諸事項を考えると、これらが真の災害原因で、これら基本原因に対する対策が講じられていれば、プレス機械内部の金属屑を除去する作業中にスライドが降下する状態になっていたり、同僚に合図をせずに起動スイッチを入れるといった、不安全状態と不安全行動は発生しなかったであろうといえます。

【3】災害原因の除去

　災害は、起こるのではなく、人が起こすのです。また、災害事例を見て理解できるように、１つの事故の背景には多くの要因があることがわかります。

　統計上は、年間約60万人が被災していますが、その底辺には報告されていない微小災害や、ヒヤリハットなどの無数の災害ポテンシャルが存在することになり、これらの災害の芽を一つひとつ摘出し、排除していく必要があります。

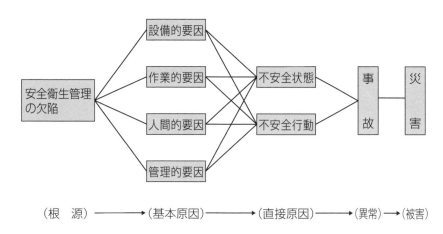

図8　労働災害発生の流れ

2 労働災害の予防管理上の重点事項

【1】 労働災害防止のための労働安全衛生法の定め

　労働災害を防止する対策としては、労働安全衛生法に定められている災害防止措置（同法第20条から第25条の２まで）の実施のほか、リスクアセスメント（危険性または有害性等の調査とその結果に基づく対策。同法第28条の２）によるリスクの低減が重要です。特に、リスクアセスメントの実施については、労働安全衛生法により事業者の努力義務とされています。このリスクアセスメントの基本的考え方や実施事項については、「危険性又は有害性等の調査等に関する指針」（いわゆる「リスクアセスメント指針」。平成18年３月10日付け危険性又は有害性等の調査等に関する指針公示第１号）が公表されています。

　そこで本項では、リスクアセスメントを初めて導入する事業場向けに、その実施のためのポイントを紹介します。

【2】 リスクアセスメントの仕組み

　リスクアセスメントとは、職場に潜在する危険性または有害性により発生するおそれのある労働災害（健康障害を含む）の重篤度と発生可能性の度合の組み合わせで「リスク」を考え、リスクの大きさを見積もり評価して、労働者保護の観点から容認できないものを具体的に明らかにし、災害防止対策の優先順位を決め措置を実施していく安全衛生管理手法です。おおむね次の流れに沿って進めます。

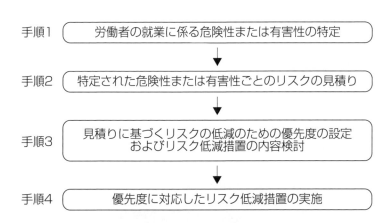

手順1　労働者の就業に係る危険性または有害性の特定

手順2　特定された危険性または有害性ごとのリスクの見積り

手順3　見積りに基づくリスクの低減のための優先度の設定およびリスク低減措置の内容検討

手順4　優先度に対応したリスク低減措置の実施

図9　リスクアセスメント等の基本的な手順

⑴　職場に潜在するあらゆる危険性または有害性を洗い出す。

⑵　これらの危険性または有害性ごとに、リスクの大きさを見積もり、措置を講ずべき優先度を設定する。

⑶　優先度（リスクレベル）の高いものから順にリスク低減措置を検討し、順次実施していく。

【3】リスクアセスメントの進め方

⑴　実施体制・実施時期等

　　リスクアセスメントは、事業場のトップをはじめ、安全・衛生管理者、職長等がそれぞれの役割を定め、また、安全衛生委員会等の活用などを通じ労働者を参画させるなど、全社的な実施体制のもとで推進しなければなりません。

　　リスクアセスメントを実施する時期は、「建設物を設置し、移転し、変更し、または解体するとき」、「設備や原材料を新規に採用し、または変更するとき」、「作業方法または作業手順を新規に採用し、または変更するとき」などリスクに変化が生じ、または生じるおそれがあるときです。

⑵　対象の選定と情報の入手

　　リスクアセスメントは、「過去に労働災害が発生した作業」、「ヒヤリハット事例があった作業」、「労働者が日常不安を感じている作業」など、負傷や疾病の発生が合理的に予見可能であるものについて行う必要があります。

　　また、リスクアセスメントを実施する場合、作業標準、作業手順書、機械設備の仕様書、安全データシート（SDS）等の情報を事前に入手する必要があります。

⑶　リスクの特定

　　危険な機械、有害な薬品、騒音、暑熱など職場に潜む危険性や有害性については、作業標準などの情報をもとにあらかじめ定めた分類に基づき特定します。分類の例は、リスクアセスメント指針などに示されていますが、事業場独自の分類でもさしつかえありません。

数値化による方法の例

重篤度「重大」、可能性の度合「比較的高い」の場合の見積り例

(1) 負傷又は疾病の重篤度

致命的	重大	中程度	軽度
30点	20点	7点	2点

(2) 負傷又は疾病の発生可能性の度合

極めて高い	比較的高い	可能性あり	ほとんどない
20点	15点	7点	2点

20点 + 15点 = 35点 （リスク高）

リスク		優先度
30点以上	高	直ちにリスク低減措置を講ずる必要がある。措置を講ずるまで作業停止する必要がある。十分な経営資源を投入する必要がある。
10～29点	中	速やかにリスク低減措置を講ずる必要がある。措置を講ずるまで使用しないことが望ましい。優先的に経営資源を投入する必要がある。
10点未満	低	必要に応じてリスク低減措置を実施する

図10　リスク見積りの例

(4)　リスクの見積り

　　リスクの見積りについては、リスクアセスメント指針では危険性または有害性によって生ずるおそれのある負傷または疾病の「重篤度」と「発生する可能性の度合」を考慮して見積もることが求められています。ただし、化学物質については、「化学物質の有害性の度合」と「ばく露の量」を考慮して見積もることができます。

(5)　リスク低減措置の検討および実施

　　リスクの見積りにより優先度が設定されたものについて、リスク低減措置を検討することになります。検討にあたっては、リスク低減に要する負担がリスク低減による労働災害防止効果よりも大幅に大きく、リスク低減措置の実施を求めることが著しく合理性を欠くと考えられる場合を除き、次の優先順位で可能な限り高い優先順位のものを実施しなければなりません。なお、法令で定められた事項がある場合は、必ず実施しなければなりません。

①　設計や計画の段階における措置

　　危険な作業の廃止・変更、危険性や有害性の低い材料への代替、より安全な施工方法への変更等

②　工学的対策

　　ガード、インターロック、安全装置、局所排気装置の設置等

③　管理的対策

　　マニュアルの整備、立ち入り禁止措置、ばく露管理、教育訓練等

④　個人用保護具の使用

①～③の措置を講じた場合でも、除去・低減しきれなかったリスクに対して実施するものに限られます。

死亡、後遺障害または重篤な疾病をもたらすおそれのあるリスクに対し、適切なリスク低減に時間を要する場合は、暫定的な措置を直ちに講じなければなりません。また、リスクを低減してもなお残るリスク（残留リスク）についても労働者に周知し、適切に管理す

【参　考】

◇機械・設備の設計段階等におけるリスクアセスメントについて

機械については、設計・製造段階で機械自体に隔離や停止の機能を組み込んで安全化を図った機械を使用することが原則です。このため、すべての機械に適用できる「機械の包括的な安全基準に関する指針」（平成19年7月31日　基発第0731001号）が公表され、その中で、機械のメーカー、ユーザーに対しリスクアセスメントを含む実施事項が定められています。

①　機械の製造等を行う者については、機械の設計・製造段階でリスクアセスメントを行い、必要な保護方策を施し、適切なリスクの除去、低減を図る必要があります。その後の残留リスクについては、警告表示やその対応について「使用上の情報」としてユーザーに提供する必要があります。

②　機械を労働者に使用させる事業者については、メーカーから提供された「使用上の情報」や実際に機械を設置する環境、使用方法を踏まえリスクアセスメントを実施し、必要な保護方策を施し、リスクが低減されたことを確認します。さらに残留リスクについては、作業手順の整備や教育訓練の実施等により労働者へ情報伝達した上で、機械の使用を開始します。

◇化学物質のリスクアセスメントについて

平成26年6月に公布された改正労働安全衛生法により、一定の危険性・有害性が確認されている化学物質（※）について、事業者に危険性または有害性等の調査（リスクアセスメント）の実施が義務付けられました。

化学物質のリスクアセスメントの方法については、「化学物質等による危険性又は有害性等の調査等に関する指針」（平成27年9月、危険性又は有害性等の調査等に関する指針公示第3号）に詳細が示されています。

※労働安全衛生法第57条第1項の政令で定める物（表示対象物）および安全データシート（SDS）の交付が義務付けられているもの（通知対象物）。

指針は、化学物質や化学物質を含有する製剤その他の物で労働者の危険または健康障害を生ずるおそれのあるものに関するリスクアセスメントの基本的な考え方および実施事項を定めたものであり、その適切かつ有効な実施を図ることにより、事業者による自主的な安全衛生活動への取り組みを促進することも目的としています。

る必要があります。

(6) 記録

　　リスクアセスメントを実施した場合、「洗い出した作業」、「特定した危険性または有害性」、「見積もったリスク」、「設定したリスク低減の優先度」、「実施したリスク低減措置の内容」を記録し、次回のリスクアセスメントまで保管しなければなりません。

3　安全衛生管理の要点

　経営管理と同じく、安全衛生管理の方法がよければ災害防止も成功します。管理をするのは経営トップやラインの管理・監督者、安全衛生スタッフであり、管理の仕方いかんによって、現場で働く人の動き、考え方に大きな影響を及ぼします。

　安全衛生管理を成功させる3つの秘訣を列挙します。

　なお、安全衛生管理組織のあり方については本編第3章を、安全衛生管理に関する事業者責任および権限の分担については第3編を、それぞれ参照してください。

【1】経営トップの一言

　従業員100人が働く企業で、1人の被災者が出たとします。会社としては100分の1の労働力の問題で、その損失は経済的な負担で対処できるでしょうが、被災者および家族にとっては苦痛や悲しみを伴うばかりか、損失は100%そのものです。家族共々、一生を台無しにすることもあります。

　経営トップは、職場で働く人一人ひとりの生命の尊厳を意識しながら従業員に接してほしいものです。安全週間の行事で、社長が一言安全のことについて触れれば、「自分達を大事に思っている」という感触を持ちます。職場に回ってきて、従業員の肩をたたき、笑顔で一言「体の具合はどうかね」と言えば、「調子いいです」などと感謝の気持ちを込めた明るい返事が返ってきます。一事が万事、トップの安全衛生に関する一言が、管理・監督者層を通して短時間のうちに全社員に伝わり、その意向が浸透します。

● ポイント解説 ●

　　安全衛生管理の原点は、職場に潜在する不安全要因を正しく把握し、迅速に排除することである。また、中小企業において、この予防管理を成功に導く鍵は、まず第一に、経営トップの災害予防に対する熱意である。

【2】災害防止は予防管理が肝要

　　職場で災害が発生した時に、安全衛生委員会や幹部会議に、被災者や監督者を呼び出し、説明を求め、反省の１つの方法にしていた時代がありました。そのことも大切なことです。しかし、災害防止は予防管理であり、いかに災害を未然に防ぐかに時間をかけるのが本筋です。事故が起きた後に、責任追及のためにいくら時間と人手をかけても、命は還らず後の祭りです。

【3】ライン管理・監督者の責任で進める

　企業経営では、経営トップの明確な方針と指示のもとに、部課長などのラインを通して現場第一線に上司の意向を伝えて、仕事を完成させます。災害防止も同じくライン管理者の責任で行うのが効果的です。機械設備、作業環境などの現状や災害の危険要因を正しく知る立場にあるのはライン管理者であり、また、現場作業者の性格、健康状態などの情報を細かく把握していて、正しく作業指示を与えることができるのもラインの監督者です。

　一方で、安全衛生委員会や安全衛生スタッフなども経営トップが現場の声に耳を傾け、また、経営トップを補佐して安全衛生管理を進める重要な役割を担っています。災害防止においては、これらの者や機関の連携が極めて重要ですが、今後はラインの管理・監督者の意識や取組みが特に求められています。

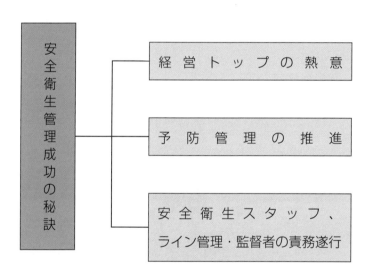

図11　安全衛生管理成功の秘訣

【参 考】 労働安全衛生マネジメントシステムのあらまし

1 労働安全衛生マネジメントシステムとは

労働安全衛生マネジメントシステム（以下、単に「OSHMS」という。OSHMS：Occupational Safety and Health Management System）は、事業者が労働者の協力の下に、「計画－実施－評価－改善」という一連の過程（以下「ＰＤＣＡサイクル」という。）を定めて継続的に行う自主的な安全衛生活動を促進することにより、労働災害の防止を図るとともに、労働者の健康の増進および快適な職場環境の形成の促進を図り、事業場における安全衛生の水準の向上に資することを目的とした新しい安全衛生管理の仕組みである。

わが国では、平成11年に初めて「労働安全衛生マネジメントシステムに関する指針」（平成11年4月30日労働省告示第53号）が制定された。その後、平成13年にILO（国際労働機関）において国際規格であるOSHMSガイドラインが制定されたことや、平成18年の労働安全衛生法の改正により危険性又は有害性の調査等（リスクアセスメント）が努力義務化されたことから、このガイドラインとの整合性の観点から条文の構成などが見直され、平成18年3月10日厚生労働省告示第113号により同指針の一部改正がなされた。

一方、平成30年3月にOSHMSの国際規格であるISO 45001が発行され、わが国においては、同年9月にISO 45001を翻訳した日本産業規格（JIS Q 45001）が制定された。同時に制定されたJIS Q 45100では、従来、指針に

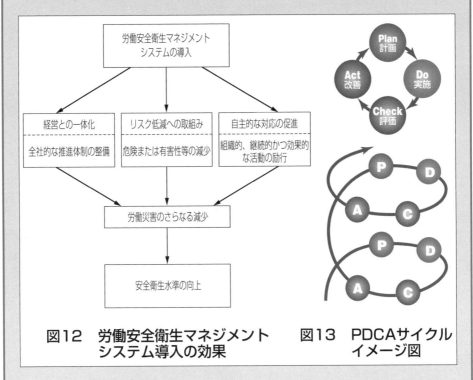

図12 労働安全衛生マネジメントシステム導入の効果　　図13 PDCAサイクルイメージ図

おいて求められている事項に加え、安全衛生計画の作成などにおいて参考となる安全衛生活動、健康確保の取組み等の具体的項目を明示している。

これらの規格を踏まえて、令和元年7月1日に厚生労働省告示第54号により厚生労働省の指針の一部改正がなされた。

2　OSHMSの導入の必要性

⑴　数多く存在するハザード

わが国の労働災害による被災者数は、平成31/令和元年においても800人を超える尊い命が失われ、労災新規受給者数は約60万人に上っている。昭和30年代、40年代の水準と比較すれば相当の減少が図られたものではあるが、必ずしも事業場における安全衛生水準が満足できるものになったことを意味するわけではない。

現在でも、潜在的な危険有害要因（危険性または有害性：ハザード）は事業場の中に数多く存在しており、時折、大きな災害、最悪の場合には死亡災害という形で顕在化している。

また、新たな技術や物質の出現により、今までになかったハザードが生じてきている。

⑵　安全衛生ノウハウの継承困難

事業場では、安全衛生パトロール、ヒヤリハット報告、危険予知活動など、様々な自主的安全衛生活動が職場の創意工夫により進められてきている。しかし、従来これらの活動を組織的かつ継続的に改善し維持していくためのシステムが整備されていなかったため、その時その場の対策で終わってしまうことも否めない実態であった。また、現場の管理者が熱心である場合は的確な安全衛生対策がなされるが、安全衛生への関心がない場合や安全衛生に経験のない管理者が配置された場合、それまでの安全衛生活動が継続されなくなるという面が認められる。

特にベテランの安全衛生の管理者等が退職していくと、これらの者が有している安全衛生に関するノウハウを組織の中に確実に引き継いでいくことが重要となる。

⑶　OSHMSの要点

以下、厚生労働省の指針に示された主要な次の3つの事項について述べる。

ア　安全衛生に関する方針の表明に関すること

安全衛生方針は、事業場トップの安全衛生水準の向上を図るための基本的考え方を示すものである。安全衛生方針は、OSHMSを運用していく最も基本となるものであり、単なるスローガンではなく、事業者の安全衛生に対する基本姿勢や理念とともに重点課題への取り組みが明快に示されていることが必要である。

指針では、安全衛生方針には次の事項を含めるものとされている。

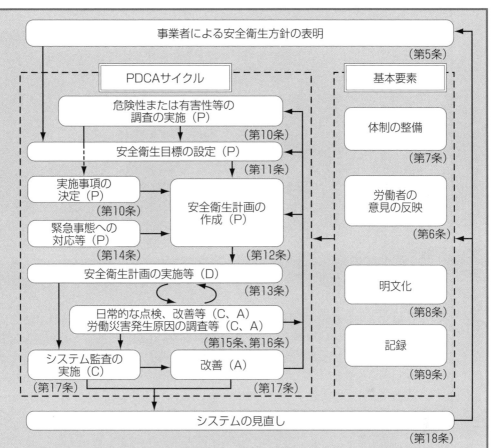

（注）各条文は「労働安全衛生マネジメントシステムに関する指針」における該当条文を示す。

図14　労働安全衛生マネジメントシステムの流れ図

①労働災害の防止を図ること

②労働者の協力の下に、安全衛生活動を実施すること

　　OSHMSの構築、実施・運用は事業者すなわち経営者の責任であるが、これを確実なものとするためには、労働者の協力が不可欠である。

③法またはこれに基づく命令、事業場において定めた安全衛生に関する規程等を遵守すること

　　企業経営において、法またはこれに基づく命令を遵守すること、すなわちコンプライアンスが必要であることはもちろんのこと、OSHMSを運用するに当たっては、事業場における安全衛生規程等も守ることが前提でなければ意味のないものとなる。

④OSHMSに従って行う措置を適切に実施すること

　　OSHMSを導入するとした場合にこのことは当然であるが、事業者が決意を示すとの意義もある。

安全衛生方針は、各級管理者はもちろんのこと、労働者をはじめとして構内
の関係請負人など、この方針に基づく安全衛生管理に協同して取り組むことが
求められる関係者へ周知する必要がある。

イ　リスクアセスメントに関すること（2の【3】p.21～24ページ参照）

ウ　安全衛生計画の作成、実施、評価および改善に関すること
　①安全衛生計画の作成
　　　OSHMSでは、安全衛生方針に基づき、事業者が安全衛生目標を設定して、
　　それに向かって自主的に努力することが必要とされている。その安全衛生目
　　標を達成するための具体的な実施事項と、目標達成に向けたスケジュール、
　　担当等を定めたものが、安全衛生計画である。安全衛生計画は事業場レベル
　　の年間計画が基本であるが、事業場の規模等を勘案し、必要に応じて、例え
　　ば、中長期的な計画、部門や職場の計画などをあわせて作成するのが効果的
　　である。
　　　安全衛生計画の内容は、リスクを優先度に従って除去・低減するための実
　　施事項や、安全衛生関係法令、事業場の安全衛生規程に基づく実施事項を踏
　　まえて決めていくが、実行性を十分考慮し、過去の、例えば前年度の安全衛
　　生目標の達成度合や安全衛生計画の実行結果を参考にすることなどができる。
　②安全衛生計画の実施
　　　安全衛生計画の実施に当たっては、計画が計画どおり確実に実施されるよう
　　詳細な事項を決定し、事業場および各部門においてこの実施管理を行うことが
　　必要となる。そのため、担当部門、実施時期、実施方法等を示した具体的な実
　　行計画が定められ、この実行計画に従って安全衛生計画が推進される。
　　　計画に盛り込まれた目標の達成のためには、設備改善、外部機関による各
　　種機械の検査、健康診断、作業環境測定の実施等費用の支出を伴うものがあ
　　り、これらの予算を確保する必要がある。
　　　また、労働者の協力の下にOSHMSを推進していくためには、安全衛生計
　　画の実施についても、その内容を労働者に確実に周知しておくことが必要と
　　なる。
　③安全衛生計画の評価・改善
　・日常的な点検・改善
　　　安全衛生計画は、事業者の方針を受けて具体的に定められた目標を計画期
　　間内に確実に達成することがその目的である。このため、安全衛生計画の進
　　捗状況や安全衛生計画の目標達成状況について、担当の部門（ライン）や安
　　全衛生部門（スタッフ）等が日常的に点検・評価を行い、これらの状況につ
　　いて問題が認められたときには、改善を行うことが必要である。
　　　また、これらの点検、評価、改善の結果については、次回の安全衛生計画
　　に反映させることにより、一層の安全衛生水準の向上が図られる。

・３つのＣＡ

　ＰＤＣＡサイクルを適切にまわすために重要なことは、それぞれの安全衛生活動が、計画や実施要領に基づき実施されているか、効果があがっているか、効果があがっていない場合は必要な修正や改善が行われているか、というように、ＣＡ（評価・改善）を適切に行うことである。

　このため、OSHMSでは、上に述べたⅰ）日常的な点検・改善に加え、ⅱ）システム監査、ⅲ）事業者によるOSHMSの見直しの３つのＣＡを行うことが求められている。これらの３つのＣＡ（図15参照）を、それぞれの階層において適切に実施することが事業場全体のＰＤＣＡサイクルを適切にまわすということにつながる。

　ⅱ）の「システム監査」は、安全衛生計画の実施担当部門等の当事者が行う日常的な点検、評価、改善とは異なり、事業場内における他部門に対し公平・公正を期して第三者の立場で行う評価、改善である。

　ⅲ）の「事業者によるOSHMSの見直し」は、OSHMS全般について事業者の責任で行うものであり、定期的なシステム監査の結果を踏まえ、事業者自らがOSHMSの妥当性と有効性という観点から、安全衛生方針、OSHMSの中で作成された各手順などを包括的に評価して、実施するものである。OSHMSの見直しは、OSHMSの妥当性および有効性を確保するものであり、OSHMS全体の方向性にかかわる大変重要な評価・改善である。

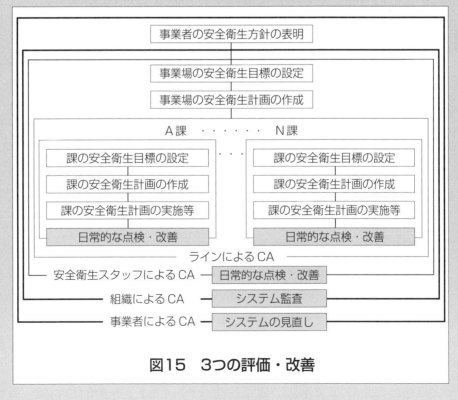

図15　3つの評価・改善

安全衛生管理体制の整備

第3章

1 安全衛生管理組織

【1】ラインに直結した安全衛生管理組織

　労働災害は生産活動が行われる現場で起こり、しかも現場の実態は時々刻々変化していて、この変化の過程で安全衛生に関する新しい問題点が生じます。例えば、今までなかった災害ポテンシャルが芽を出してくるのです。

　企業の最高責任者である経営トップといえども、1人で安全衛生管理を行うことは事実上不可能であり、さりとて安全衛生のスタッフに任せきりでも実効性に限界があります。結局、状況が変化する職場の安全衛生問題に適切に対応するためには、企業の生産活動のために構築したライン組織を通して安全衛生管理を行うと最も効果があります。また、安全衛生管理なくして生産活動の業績向上は望めません。"安全衛生は企業経営と一体"と言われるゆえんです。

　安全衛生管理組織をラインの上層部から見ると、頂点に経営トップ（工場の場合は工場長）が位置し、次いで部課長、係（掛）長、職長などがライン管理組織を構成して、自分の直下の管理者および第一線で働く作業者とこれを指揮する作業主任者などの監督者を管理します。

【2】安全衛生スタッフの役割

　安全衛生管理の基本的事項として、経営トップの方針とライン管理者の責任分担が重要であると第2章で述べましたが、労働安全衛生法では、労働災害防止の事業者責任を分担させるために、事業場の業種と規模に応じて、安全管理者、衛生管理者または安全衛生推進者、産業医などの実務担当者を選任するとされています。

　労働者数が50人未満の事業場においては、安全衛生推進者、労働者の健康管理などを担当する医師などが中心になります。

　この安全管理者などの安全衛生スタッフは、専門的な知識・経験を有

するものとして、ライン管理組織の管理・監督者が見落としている災害ポテンシャルを見つけて対策を講じたり、危険有害性についての新しい情報を入手して必要な措置を講ずるという点で重要な役割を担います。

【3】安全衛生管理組織の活動の活発化

　上述したラインの管理・監督者と安全衛生スタッフが相互に協力し合って安全衛生活動を行うわけですが、安全衛生管理に関してもう1つ重要な機関として安全衛生委員会があります。この委員会は、事業場における安全衛生に関する重要事項を調査審議する機関です。

　このような安全衛生管理組織を構成する担当者や機関に、権限と予算措置を与えて安全衛生を進め、自律的に管理水準が上昇する仕組みをつくる必要があります。

　その上で、管理組織の活動を活発化させるためには、次の3つの事項が重要となってきます。

　⑴　年間の安全衛生計画の作成
　⑵　安全衛生委員会の活性化
　⑶　安全衛生管理規程の作成

表2 法定の事業場規模別・業種別安全衛生管理組織

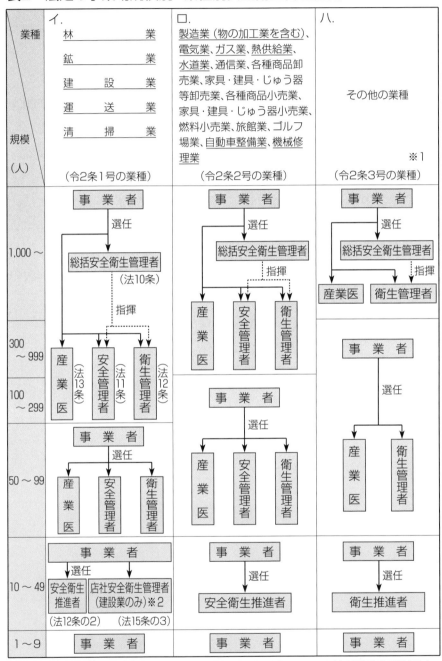

業種 規模 （人）	イ. 林　　　　　業 鉱　　　　　業 建　設　業 運　送　業 清　掃　業 （令2条1号の業種）	ロ. 製造業（物の加工業を含む）、 電気業、ガス業、熱供給業、 水道業、通信業、各種商品卸 売業、家具・建具・じゅう器 等卸売業、各種商品小売業、 家具・建具・じゅう器小売業、 燃料小売業、旅館業、ゴルフ 場業、自動車整備業、機械修 理業 （令2条2号の業種）	ハ. その他の業種 ※1 （令2条3号の業種）

（注1）下線の業種およびその他の業種のうち農林畜水産業、医療業については、第2種衛生管理者免許を有するものを衛生管理者として選任することはできません。（労働安全衛生規則第7条第3号）

（注2）「令」：労働安全衛生法施行令、「法」：労働安全衛生法

※1 規模10人以上の事業場においては通達により安全推進者の配置が求められています。
（平成26年3月28日基発0328第6号）

※2 仕事の種類により、規模20人以上30人未満または20人以上50人未満の現場を有する店社。

選任要件と根拠規定

① 総括安全衛生管理者（安衛法第10条）

　次に掲げる規模の事業場ごとに、総括安全衛生管理者を選任し、安全管理者または衛生管理者を指揮させるとともに、安全衛生に関する事項を統括管理させなければならない。

　　　　　　　　　　　　　　　　　（労働者数）
イ．建設業、林業等の業種　　　　　100人以上
ロ．製造業、電気業等の業種　　　　300人以上
ハ．その他の業種　　　　　　　　1,000人以上

　総括安全衛生管理者には、工場長等当該事業場のトップの者をもって充てることとされている。

② 安全管理者（安衛法第11条）

　前記①のイおよびロの業種の事業場について、労働者数が常時50人以上となる場合には、安全管理者を選任しなければならない。

③ 衛生管理者（安衛法第12条）

　労働者の数が常時50人以上となる事業場（全業種）については、衛生管理者を選任しなければならない。

④ 安全衛生推進者、衛生推進者（安衛法第12条の2）

　労働者数が常時10人以上50人未満の事業場について②の選任を要する業種の場合は安全衛生推進者を、それ以外の業種の場合は衛生推進者を選任しなければならない。

⑤ 産業医（安衛法第13条）

　労働者の数が常時50人以上の事業場については、産業医を選任し、労働者の健康管理を行わせなければならない。

2 年間安全衛生計画

　物の製造、加工など職場の仕事は計画の綿密さと精度の高さが求められますが、安全衛生に関する年間計画についても同じことがいえます。

　計画がずさんであれば、人的、経済的な投資が無駄になってしまいます。計画は、効果的なものでなければなりません。

【1】年間計画をつくる目的

　年間計画をつくる目的は、その計画に沿った安全衛生活動を実施することで効果的な結果を得ることです。

　また、計画をつくる過程で、職場全体の安全衛生管理レベルの現状が把握でき、改善の意欲が高まるという副次的な効果も得られます。

【2】年間計画の内容

　1年間の安全衛生計画に含める必要のある主な項目をあげてみます。

(1)　安全衛生方針

　経営トップの労働災害防止の考え方がこの事項で明らかになり、全従業員に影響を与える重要なものです。

(2)　安全衛生活動の重点実施事項

　過去に実施した安全衛生活動の実績を参考にし、本年度は、何を重点に災害防止活動を進めるかを決めます。

(3)　目標の設定

　災害減少目標や職場改善目標を定めます。その例を、次に掲げます。

①　リスクアセスメントの実施計画によりリスクを低減させる。

②　休業および不休業を含む災害件数は、ゼロを目標とする。

③　作業環境管理の状態を、第2管理区分（作業環境中の有害物濃度の測定値の平均が管理濃度を超えない状態）から、第1管理区分（作業環境中のほとんどの場所で有害物濃度の測定値が管理濃度を超えない状態）に移行する。

(4)　月別重点実施事項

　改善する事項を含めて、月別の重点実施事項を定めて、1年間で実施する安全衛生活動の全体像を形づくります。

【3】年間計画の作成方法

年間安全衛生計画を作成する場合の手順を、次に示します。

(1) 計画作成に必要な資料の収集

計画作成に必要な資料として、次のものが考えられる。

① リスクアセスメントの実施結果とリスク低減の措置状況

② 過去に発生した労働災害（けがと業務上疾病）の記録および統計

③ 前年度の年間計画および実施結果の評価に関する記録

④ 安全衛生パトロールなど職場巡視に係る報告および統計

⑤ 作業環境についての測定結果および評価に関する記録

⑥ 健康診断の実施結果と評価に関する記録

⑦ 職場内のレイアウトの変更内容

⑧ 安全衛生管理組織の変更内容

⑨ 安全衛生委員会の議事録

(2) 集めた資料の分析

収集した資料を分析して、特に前年度の安全衛生活動の実績を評価し、取り残し事項も含め新年度の年間計画の目標と重点実施事項を模索する。

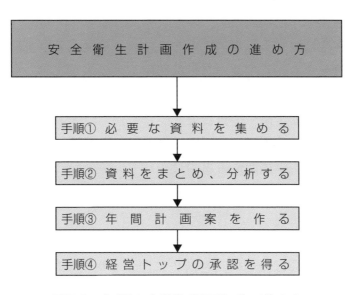

図16　年間安全衛生計画作成の進め方

(3)　年間計画案の作成

　　計画年度内に何をするかを検討し、安全衛生活動、機械設備な
どの項目に分け、実施月、経費、実施・報告責任者、実施完了月
などを決め、計画案を作成する。

(4)　経営トップの承認

　　年間安全衛生計画の立案から計画実施までの順序は、まず、経営
トップの方針に沿っているかトップの意見を聴いて原案を作成す
る。次いで安全衛生委員会に原案の説明をし調査審議を行い、その
意見具申をもとに最後に経営トップによる承認を得る。この成案を
再度、委員会に提出して調査審議し、年間計画となる。

● ポイント解説 ●

　　計画を実施し、その結果を評価して改善する、PDCA（Plan -
Do - Check - Act）サイクルは、企業経営の大原則である。災害の
防止も、この路線に沿って管理体制の整備、機械設備・作業方法の
改善および安全衛生教育などを効果的に実施できる年間計画を立て
ることが重要である。

3　安全衛生委員会

　　災害を防止する管理機能として、自らの発議で事業場の安全衛生問題
を調査したり、安全衛生対策に関する重要事項を調査審議し、事業者に
対して意見を述べることができる機関が必要になりますが、この役割を
果たすのが安全衛生委員会です。

　　労働者数が50人未満の事業場については、法定の設置義務はありませ
んが、安全衛生に関する事項について関係労働者の意見を聴くため、安
全衛生委員会または職場懇談会を設けることが必要です。

【1】安全衛生委員会の機能と役割

(1)　委員会は職場の災害防止に関する重要事項を審議する場であり、
　　経営トップに対して意見を述べるため設置した調査審議機関です。

(2)　委員会において調査審議する主な事項を次に掲げます。

①　年間安全衛生計画その他労働災害防止、健康障害の防止、健康の保持増進を図るための基本対策

②　労働災害や健康障害の原因および再発防止対策

③　その他の事項

ａ．安全衛生管理規程の作成

ｂ．安全衛生教育計画の作成

ｃ．危険性・有害性等の調査およびその結果に基づき講ずる措置など

(3)　各職場から選ばれた代表者を構成員とする委員会で重要事項が調査審議され、災害防止について全社的に意思統一が図られます。

【2】安全衛生委員会の構成

委員会は、企業の安全衛生の方針や計画など、災害防止の重要な事項について討議するのですから、委員は、安全管理者、衛生管理者、

表3　労働安全衛生法

（安全衛生委員会）

第19条　事業者は、第17条及び前条の規定により安全委員会及び衛生委員会を設けなければならないときは、それぞれの委員会の設置に代えて、安全衛生委員会を設置することができる。

②　安全衛生委員会の委員は、次の者をもつて構成する。ただし、第1号の者である委員は、1人とする。

1　総括安全衛生管理者又は総括安全衛生管理者以外の者で当該事業場においてその事業の実施を統括管理するもの若しくはこれに準ずる者のうちから事業者が指名した者

2　安全管理者及び衛生管理者のうちから事業者が指名した者

3　産業医のうちから事業者が指名した者

4　当該事業場の労働者で、安全に関し経験を有するもののうちから事業者が指名した者

5　当該事業場の労働者で、衛生に関し経験を有するもののうちから事業者が指名した者

③　事業者は、当該事業場の労働者で、作業環境測定を実施している作業環境測定士であるものを安全衛生委員会の委員として指名することができる。

④　（略）

産業医などの専門スタッフのほか、各部門から広い範囲で人材を集める必要があります。また、安全衛生活動は、労使が一体となって推進する必要があることから、委員の半数については、労働組合などの推薦に基づく者であることが法令で定められています。

委員会の委員の人数は、企業の規模や業態に即して決定すべきものですが、労働者数が100人前後の事業場では10名前後が多いようです。なお、議長には工場長などの事業を統括管理する最高責任者が就きます。

【3】委員の役割

委員会の役割を各委員と委員長に分け、それぞれの責務を次に示します。

(1)　各委員の責務

各委員は次の事項を行うことにより、委員会と現場とのパイプ役を果たします。この場合、パイプの径が太ければ太いほど情報量が多くなります。

①　委員会に出席し、討議テーマについて所属グループおよび委員自身の意見を述べる。

②　委員会で討議、決定した事項について、委員会終了後できるだけ早く、グループ従業員に伝える。

　　なお、委員の安全衛生についての知識、経験が、委員会の討議内容に影響し、企業の管理レベルを左右することになります。したがって、各委員は、研究会、講習会などへの参加機会を活用し、能力のレベルアップに努力することが大切です。

(2)　議長の責務

　　議長は、次に掲げる事項に責任を有します。特に、委員会の調査審議について決断する責任を持っていることが、議長に事業場の最高責任者を充てる理由です。

①　各委員が自由に発言しやすい雰囲気をつくる。

②　災害防止の重要な役割を持つ委員会の最高責任者であり、また、事業場の最高責任者として調査審議についてとりまとめを行う。

【4】委員会の活性化対策

　　安全衛生委員会のマンネリ化を防止し、より活性化させるためには次の事項が重要となります。

(1)　安全衛生委員会規則を定め、委員の責務を具体的に明示する。

(2)　経営トップが委員の任命書を手渡し、委員の任務が重要であることを認識させる。

(3)　委員の任期を定める。委員を交替する時は、おおむね半数を留任させ、委員会が新任の委員をリードできる環境を整える必要がある。

(4)　各委員に「安全衛生手帳」などを配り、何を実施したかを記載させ、例えば3カ月に1回委員長に提出させる。

(5)　委員に対する能力向上のための安全衛生教育を企画し、外部講師を加えて実施する。

● ポイント解説 ●

　　職場の安全衛生活動が活発に行われるか否かの鍵を握っているものに、職長などの第一線管理・監督者の活動とともに、安全衛生委員会活動がある。

　　機械設備の安全化や作業方法の改善などを示す年間計画などを審議、決定する機関としての委員会が活性化し、前向きに活動しない限り、安全衛生レベルの向上はあり得ない。

4 安全衛生管理規定

　材料を集め、部品を加工し、製品として出荷するという一連の生産活動は、工程のシステム化が進めば進むほどその能率が上昇し、品質も良くなり、企業としての経営実績が目標に近づきます。

　職場の災害防止も工程管理と同じく、管理システムが充実すればするほど、けがや職業病が減り、目標とするリスクの低減を通じて災害ゼロに近づくわけです。安全衛生管理の規定（事業場によっては「規程」と表記することがあります）を作るということはそのシステムを組み立てることです。

【1】安全衛生管理規定の目的

　安全衛生管理規定を作成する第一の目的は、災害防止活動の管理責任を明確にすることです。安全衛生活動はラインの管理・監督者と安全管理者、衛生管理者、産業医およびその他の安全衛生委員会委員などのスタッフで実施しますが、各々の職務を書面で明示することにより担当者が活動結果について責任を持つことになります。

　経営トップをはじめ企業で働く全員が、この管理責任や委員会の役割を理解し、協力する過程で自分とのかかわりを認識することによって、全社的な取組みが可能になります。

【2】安全衛生管理規定の内容

　事業場の安全衛生管理規定（規程）は、通常、安全衛生管理規則と

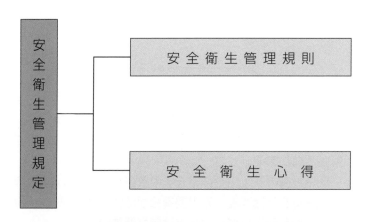

図17　安全衛生管理のための規定（規程）の例

呼ばれる社内規則として定められ、企業によってはこれとは別に安全衛生心得を作成することもあります。

　次に安全衛生管理規則に記載される主な内容について述べます。

(1)　安全衛生方針

　　安全衛生管理規則は、企業内の決めごとですから、社内命令でもあります。また、規則の頭書に、会社の災害防止に関する次の例に示すような方針が掲げられます。すなわち、労働者の安全衛生確保なしには、企業経営は成り立たない趣旨の企業の基本理念を宣言するのです。

　　「当社は、事業を遂行するにあたり、人命の尊厳を最優先し、職場における従業員の安全と健康を確保するとともに快適な作業環境を確立し、もって生産性の向上を図ることとする。」

(2)　安全衛生管理責任

　　安全衛生活動は、管理・監督者の責任の下に進めることが示されます。

　　企業によって職位の呼び方は異なりますが、管理責任を明示する対象になる管理・監督者は、工場長、部課長、係（掛）長および職長などであり、これらラインの管理・監督者は自分の指揮下にある現場作業者を含めた従業員全員に対して安全衛生管理の責任を負います。

　　これらのラインの責務に関する規定の記載上、注意を要する点を次に述べます。

①　部あるいは課の最高責任者である部課長について、各々の管理責任が重複しないようにする。

②　災害防止のキーマンである職長などの現場の第一線監督者については、現場に即した、具体的な責務を示す必要がある。

(3)　安全衛生委員会、安全衛生スタッフの任務

　　安全衛生管理規則には、安全衛生委員会の役割および安全管理者、衛生管理者、産業医などのスタッフの責務を明示します。なお、安全衛生委員会の細目については、安全衛生管理規則の付則（細則）で示すのが一般的です。

【参　考】　「安全衛生心得」の例

　　職場における安全衛生活動のルールを安全衛生心得として定め、現場で働く人が理解できる内容で手帳に印刷して配布している企業があります。

　　次に、安全衛生心得を一般心得と作業心得の2つに分けて作成している例について、その内容を説明します。

1　一般心得

　　職場の災害防止に間接的に影響する生活習慣、行動などをこの心得の対象とし、次のような事項が掲げられています。

⑴　夜更かしをしないで、休養を十分にとること。

⑵　朝食をとらない習慣を避けること。

⑶　朝夕のあいさつを交わし、明るい職場づくりに努めること。

⑷　上司は部下に親切に接し、“やる気”を起こさせるように指導すること。

2　作業心得

　　作業心得は、業種・業態によって内容が異なりますが、具体的にかつ簡潔に表現することが大切です。一例として、機械部品の製造工程のうちの旋盤作業に係る安全衛生心得を取り上げてみます。

　　この安全衛生に関する作業心得の作成に当たっては、過去に発生した災害や災害防止の急所などを参考にします。

⑴　機械操作中、保護眼鏡を着用すること。

⑵　操作中、軍手を着用しないこと。

⑶　品物の回転中は計測をしないこと。

⑷　サンドペーパーで回転物を研磨しないこと。

● ポイント解説 ●

　　安全衛生管理規定（規程）は、企業の安全衛生対策に関する基本方針を示すもので、同時に安全衛生活動についての計画、実施、評価および改善の全過程における管理責任を明確にするものである。

　　また、安全衛生管理規則と、安全衛生心得を機能的に結合した安全衛生管理規定を整備することにより、機械設備の点検検査基準や作業手順（後掲第4章4（61ページ）参照）の適正な運用を促し、事業場における災害防止のための安全衛生のレベルをあげることができる。

安全衛生管理の実務

　安全衛生管理体制を整備すれば、次に必要なのは職場にあるリスクを評価し、それらを排除する次の実務が必要となります。

① 機械設備の安全化
② 安全衛生パトロールの実施
③ 点検検査の実施と改善
④ 作業手順の作成と遵守
⑤ 保護具の着用指導
⑥ 安全衛生教育の実施
⑦ 災害調査の実施

1 機械設備の安全化

　職場で災害や事故が起こったとき、本人の不注意と決めつけないで少し観察してみると、必ず不安全な状態が災害要因として浮かび上がってきます。例えば、プレス機械の金型に安全ガードを取り付けていれば、金型内に手が入らないのではさまれ災害は防げたであろうし、また高所の作業床に安全柵を設けていれば墜落災害を防止できたと思われます。

　機械設備の安全化を進めていくと"本質安全化"にたどりつきます。この機械設備の本質安全化には、次の原則があります。

　隔離の原則：柵や囲いなどのガードを設けて機械の動作範囲に人体の
　　　　　　　部位が入らないよう隔離すること。

　停止の原則：インターロックなどにより機械が停止しているときだけ
　　　　　　　機械の動作範囲に人体の部位が入ることを許すこと。

　このような機械設備の安全化は、次の機械の包括的安全基準に関する指針に沿って、必要な対策を講じることにより実現できます。

【1】機械の包括的な安全基準に関する指針

　労働安全衛生法令では、機械設備について検査制度、譲渡制限、安全装置等の規制を設け、設計製造段階から使用段階まで安全確保のための様々な措置を義務付けています。しかしながら、事業場内で使用される機械は多岐にわたり、すべての機械について規制することは困難です。そのためすべての機械に適用できる「機械の包括的な安全基

準に関する指針」（機械包括指針）が公表されています。この機械包括指針は、機械のメーカー、ユーザーがそれぞれ、リスクアセスメントを実施し、本質的な安全設計など必要な措置を講じることが定められており、その流れは図18のとおりです。

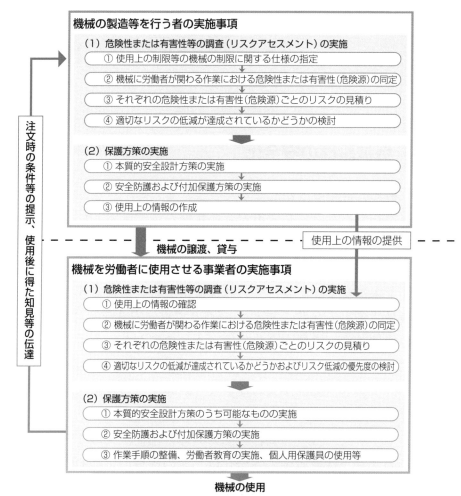

図18 機械の安全化の手順

【2】機械設備の安全化の目的

⑴　機械設備の安全化の第一目的は、自動化や安全装置の設置などによる改善によって、職場にある機械設備によるリスク要因を除去し、不安全状態をなくすことです。

⑵　機械設備の安全化によって安全な作業が保証されるとともに筋力

作業が減少し、職場に存在する作業の「ムリ」「ムダ」「ムラ」が排除され、生産効率もあがります。

【3】 機械設備の安全化の方法

(1)　本質安全化と安全防護策

　　事業場で使用する機械設備に施されている主な安全化対策の例を、次にあげます。

①　構造的にはさまれ、巻き込まれなどのリスクのない本質安全化

②　生産工程の自動化・ロボット化

③　次のようなリスク低減のための安全防護策

　ア　はさまれ、巻き込まれ災害防止用の光線式安全装置、両手押しボタン、安全囲いおよび安全バーなど。

　イ　墜落、転落防止用の安全柵など。

　ウ　電気災害防止用の電撃防止装置など。

④　クレーンなどのワイヤ巻過ぎ防止装置、ワイヤ外れ止め、あるいは運搬車両に取り付けた後退警報ブザー、接触防止用自動ストッパーなど。

(2)　生産工程の自動化やロボット化

　　生産工程の自動化やロボット化の例を、次にあげます。

　　これらは、作業の省力化と安全化を同時に目指すものですが、設計や取り扱いが不適切であると、新たな災害要因となるので注意を要します。

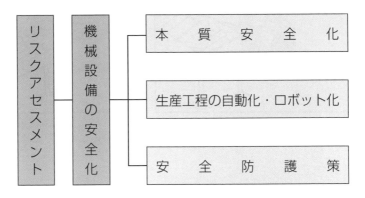

図19　機械設備の安全化の方法

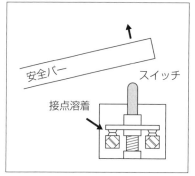

〈不適切な例〉

安全バー

スイッチ

接点溶着

バネ戻り式接点

安全バーを開くと通常はスイッチが上がりOFFになるが、長期間使用したり過剰電流が流れた場合などは接点が溶着するおそれがあり、スイッチがONのままとなる。

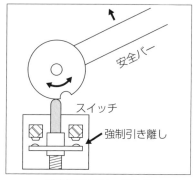

〈適切な例〉

安全バー

スイッチ

強制引き離し

強制引き離し式接点

安全バーを開くとスイッチは強制的に下がりOFFになる。

図20　機械の安全バーに取り付けたスイッチの例

図21　運搬作業のロボット化

① 自動倉庫を導入したり、生産工程全体を自動化する。

② ＮＣ旋盤やマシニングセンターなどコンピューター支援装置による機械加工など。

③ 産業用ロボットを使用した電気溶接、塗装作業や運搬作業および物流工程のロボット化など。

【4】機械設備の災害原因

(1) 安全装置の不備による災害原因

安全装置の設置が必要な機械設備に係る災害原因は、次のように分類されます。

① 安全装置を設けていない。

② 安全装置の機能が不十分である。

③ 安全装置の設置方法または使用方法を誤り、機能しない。

(2) 災害事例の紹介

安全装置が機能しなかった、あるいは機能が不十分であったことによる災害発生事例の１つに、プレス機械災害があります。過去には、例えば光線式安全装置を設置していたのに、金型調整時にスライドが作動して手指を負傷するという災害が少なからず発生していました。

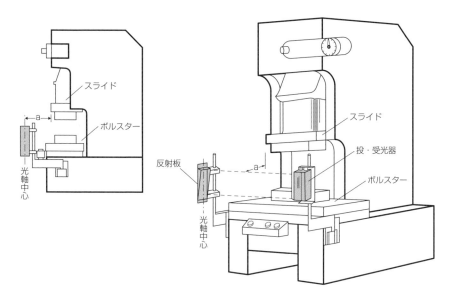

図22　光線式安全装置付きのプレス

その直接原因として、安全装置の設置方法の誤りに求められるケースがありました。すなわち、光線式安全装置とプレス機械本体を接続する電気回路は直列でなければならないのに、誤って並列に接続したため、手で光線を遮断しても光線式安全装置の回路だけが切れ、安全装置として機能しなかったわけです。

今日では、一般にプレス機械のスライドが作動中に手を危険限界に入れる必要のない（"ノー・ハンド・イン・ダイ"と呼ばれる）安全型のプレス機械が使用されており、手が危険限界に入ったらスライドが降下しない機構をもつ、いわゆる安全プレス機械も普及しつつあります。

次に、安全装置の不備による災害事例を紹介します。

① 木材加工用機械災害

＜発生状況＞

　リップソーの反ぱつ防止爪を持ち上げた状態のまま加工材を挿入したため、加工材が反ぱつして作業者の腹部に激突して重傷を負った。

＜災害発生の問題点＞

　a．反ぱつ防止爪が持ち上げられた状態であったため、安全装置と

図23　リップソー使用時の加工材反ぱつによる災害事例

して十分に機能せず、加工材の反ぱつを防止できなかったこと。

　ｂ．反ぱつ防止爪が摩耗していないか、爪の先端が浮き上がって
　　いないか、確実に作動するかについて、作業開始前の点検を怠
　　ったこと。

②　自動格納倉庫による災害

＜発生状況＞

　自動格納倉庫内で物品の搬送装置が途中で停止し、知らせを受
けた作業者が当該搬送装置の系統の電源をOFFにして倉庫内に
入って修理を始めたところ、急に別系統の搬送装置が運んできた
物品に足をはさまれた。

　別系統の搬送装置が急に稼働した原因としては、外部の誰かが
起動スイッチをONに入れたこと、あるいはコンピューターが一
定時間経過後に自動的に作動指示を出したことが考えられるが、
詳細は不明である。

＜災害発生の問題点＞

　ａ．電源をOFFにした系統以外の搬送装置の経路内に、修理作
　　業者の身体の一部が入っていたこと。

　ｂ．１つの系統の搬送装置に故障が起きて電源をOFFにした場合、
　　他の系統の電気回路も自動的にOFFとなって搬送装置が稼働し
　　なくなる設計（フェール・セーフ）になっていなかったこと。

③　溶接用ロボットによる災害

＜発生状況＞

　溶接用ロボットの加工部分を取り替えるために、ロボットの可
動範囲に入って作業をしていたところ、制止していたロボットが
急に動き出して打撲傷を負った。

＜災害発生の問題点＞

　ａ．被災者が、ロボットの可動範囲に入っていたこと。

　ｂ．外部からの電磁波の影響を受けて、電気回路が自動的にON
　　となって誤作動が起こる配線になっていた（ノイズシールドは
　　設置されていなかった）こと。

　ｃ．ロボットの可動部分に、機械的なストッパーなどの安全装置
　　が設けられていなかったこと。

【5】安全化を進める時の留意点

(1) まず第一に、フール・プルーフ、フェール・セーフおよびノーハンド・イン・ダイなどの機能や構造を、機械設備の中に効果的に取り入れることです。

(2) 災害の危険度、必要経費や実施難易度などを考慮して、安全化実施の優先順位を決めます。

● ポイント解説 ●

　機械設備の安全化が進めば進むほど職場の労働災害のリスクは小さくなり、人に頼ることのない本質安全化を図ることができ、不必要な行動も制限され、作業能率も向上する。そのためには、関係者の機械設備の安全化に向けたたゆまぬ研さんが必要である。

● 用語解説 ●

・フール・プルーフ（Fool Proof）

　人の判断行為に誤りがあっても事故が起こらない設計にする考え方である。例えば、掘削ドリルで作業していた人が気を失って倒れて、ドリルから手をはなした場合、ハンドルがスプリングでOFFの方向に移動し、回転が停止するなど。米国では、Dead Man Device と呼んでいる。

・フェール・セーフ（Fail Safe）

　稼働している機械設備が故障して、動きの方向が変わったり停止したりする場合、故障の影響が災害に結びつかない設計にする考え方である。例えば、左右の動きのある自動機械が故障した場合、人がいない側の収容ケースの方向に停止すれば、はさまれる危険がなくなる。ノイズによる産業用ロボットの暴走については、ノイズによって回路に異常電流が流れた際には、必ず設備が停止するような設計にすることによりフェール・セーフが図られる。

・ノー・ハンド・イン・ダイ（No Hand in Die）

　プレス機械の作業から生まれた言葉で、下金型の上に材料を置いて成形をする際に、手を金型内に入れないで加工作業を終了できる機械の構造にすることで、はさまれ災害を防止する考えである。

2　安全衛生パトロール

　「"安全衛生パトロール"と書かれた自動車が建設現場前に止まり、中から保護帽を着用し、あご紐をきちんと締めた作業服姿の元請会社の幹部が自動車から降りてきた。

　現場で働いていた作業者は、幹部の姿を見てあたふたと、そばに置いてある保護帽を取り上げ、また、足場上にいた作業者は墜落制止用器具をつけ始めた……」

　安全衛生パトロールを職場における災害防止活動の一環として採用し、実施し始めてから幾久しいものの、今日、パトロールのマンネリ化がみられることは少なくありません。パトロールを安全衛生管理の中でどのように位置づけたらよいのかを考えてみます。

【1】安全衛生パトロールの目的

　パトロールの主な目的は、職場を定期的に巡視することにより災害危険の芽を発見し除去することです。

【2】パトロールの種類

⑴　経営トップによるパトロール

　　企業の最高責任者である社長や工場長による職場巡視です。経営

ある工業団地におけるパトロール

トップによるパトロールの効果を次に示します。

① 経営者が現場に来て作業者に声をかけ、安全を確認してくれると、作業者は身の引き締まる思いがする。

② 経営トップが安全衛生に関してこれほど関心を示すのだから、管理・監督者もおちおちしてはいられず、組織が引き締まる。

(2) 管理者層によるパトロール

部課長によるパトロールは次の視点に立って行われます。

① 部課長からの指示が、現場監督者を経て作業者にどのように伝わったかを確認する。

② 安全衛生管理の年間計画が、部課内でどのように進んでいるかを調整し、必要に応じて改善措置をとる。

③ 現場監督者および作業者に接触し、会話を通して、管理者が安全衛生についての強い関心があることを知ってもらう。

(3) 安全衛生担当者および専門家によるパトロール

コンサルタントなど外部の安全衛生の専門家が加わったパトロールでは、第三者の立場からの職場診断も行われ、同種企業とのレベル差がわかり改善の目標を示してくれます。

(4) 安全衛生委員会によるパトロール

安全衛生委員会を設置している事業場では、通常月1回委員会を開いています。ある事業場では、委員会の開催前に委員による現場パトロールを行い、終了後に巡視結果を委員会に報告して討議しています。安全衛生委員会による職場巡視は、企業における安全衛生パトロールを代表しているといっても言い過ぎではありません。委員会によるパトロールの効果を次に示します。

① 委員は労使各側の代表として職場の各層から選ばれ、また、安全衛生の知識・経験もあるので、レベルの高いパトロールが実施でき、不安全要素が発見できる。

② 委員は異なった職場から集まっているため、発見した危険要因についての意見交換が容易にできる。また、パトロールを実施した後、時間を置かないで指摘事項について討議ができる。

③ 月1回の頻度でパトロールを実施するので、前回指摘した事項のフォローができる。

＜アドバイス＞

　安全衛生委員会によるパトロールを実施するときは、次の点に注意しましょう。

①　不安全要素などの欠陥をあばきたてるような言動は慎む。

②　危険作業に接近しすぎたり、作業者の動きを制限するような行動はしない。

③　不安全状態だけでなく作業行動も視野に入れ、パトロールを実施する。

④　不安全行動を発見した場合、作業者本人に注意するだけでなく関係する監督者にも伝える。

● ポイント解説 ●

　安全衛生パトロールは、職場にある危険要因を探し出す一方法であるが、多くの中小企業では、職場の危険要因把握を全面的にパトロールに依存している。

　それゆえ、パトロールの方法、内容を充実し、危険要因を１つでも多く、正確に把握することが重要である。パトロール要員の能力のレベルアップがパトロール成功の鍵を握っている。

3 点検検査

　職場に設けた機械設備、器具や作業通路などすべての物は、年を重ねるごとに老朽化し、機能が低下します。特に、回転体、クレーン、フォークリフトなどの動力機械は、使用頻度が多くなればなるほど摩耗度が高くなり、強度の許容範囲を超えて思わぬ災害を招くことになります。

【1】点検検査の目的

　職場にあるすべての機械設備、器具などを定期に検査し、不安全な状態を事前に発見し、災害に結びつく要因を断つことが点検検査の主目的です。

【2】 点検検査の種類と内容

　点検検査の種類はおおむね次のように分類されます。

（1）　作業開始前点検、使用前点検

　　仕事を始める時あるいは機械設備の使用開始時に点検を行います。特に、作業開始前点検は、短時間であっても毎日確実に実施することが肝要です。

（2）　月次検査

　　災害危険のある機械設備などの月1回の安全確認が月次検査です。1カ月間に機械設備の部品の摩耗、劣化が進みます。始業点検に比して点検内容が密になり、検査項目が増えるのは当然です。

点検の例（聴診棒による点検・左、聴診棒・右）

（3）　年次検査

　　機械設備を年1回検査し、安全を確認するのが年次検査です。その代表例として、“定期自主検査”と呼ばれる法定検査があります。

　　機械設備は、長期間の使用で内部の摩耗、亀裂などが生じていることがあっても、外部からの目視では判断ができないことが多いものです。定期自主検査の検査項目、検査方法および判定基準については、厚生労働省が定めた定期自主検査指針によることとされています。

　　また、動力プレス、フォークリフトなどに対する法定検査を“特定自主検査”といい、法定の資格を有する者が実施し、検査済のラベルを機械に貼ることになっています。

表4　労働安全衛生規則等に基づく安全点検・検査

定期自主検査、点検を行うべき対象		点　検		自　主　検　査			
		作業、使用開始前	その他	使用再開時	定　期		
					月1回	年1回	その他
Ⅰ．労働安全衛生規則							
1	研削といし	118					
2	動力プレス	136		134の3(2)		134の3	(特定自主検査) (135の3)
3	シャー	136		135 (2)		135	
4	動力遠心機械			141 (2)		141	
5	高速回転体の回転軸		150（回転試験時の非破壊検査）				
6	産業用ロボット	151					
7	フォークリフト	151の25		151の21(2) 151の22(2)	151の22	151の21	(特定自主検査) (151の24)
8	ショベルローダー フォークローダー	151の34		151の31(2) 151の32(2)	151の32	151の31	
9	ストラドルキャリヤー	151の41		151の38(2) 151の39(2)	151の39	151の38	
10	不整地運搬車	151の57		151の53(2) 151の54(2)	151の54		151の53（2年以内ごとに1回） (特定自主検査) (151の56)
11	構内運搬車	151の63					
12	繊維ロープ	151の69 419					
13	貨物自動車	151の75					
14	コンベヤー	151の82					
15	車両系木材伐出機械	151の110		151の108(2)	151の109	151の108	
16	車両系建設機械	170		167 (2) 168 (2)	168	167	(特定自主検査) (169の2)
17	くい打機、くい抜機又はボーリングマシン		192 （組み立て時）				
18	高所作業車	194の27		194の23(2) 194の24(2)	194の24	194の23	(特定自主検査) (194の26)
19	電気機関車等			228(2)・229(2) 230(2)	230	229	228（3年以内に1回）
20	軌道装置	232	232 (2) （軌道は随時）				
21	コンクリート打設作業の型枠支保工	244					
22	化学設備等	277	277 (2) （用途変更時）	276 (2) 277			276（2年以内ごとに1回）
23	防爆構造電気機械器具(移動式,可搬式)	284					
24	乾燥設備等			299 (2)		299	
25	アセチレン溶接装置 ガス集合溶接装置			317 (2)		317	
26	絶縁用保護具等	352		351 (2)			351（6月以内ごとに1回）

	定期自主検査、点検を行うべき対象	点検		自主検査			
		作業、使用開始前	その他	使用再開時	定期 月1回	年1回	その他
27	電気機械器具等	352					
28	電気機械器具の囲い等		353（月1回以上）				
29	明り掘削時の地山、発破箇所	358	358（中震以上、大雨、発破後）				
30	土止め支保工		373（7日以内、中震以上、大雨後）				
31	ずい道等		382（毎日、中震以上、発破後）				
32	ずい道等の可燃性ガス	382の2	382の2（中震以上後,可燃性ガスの異常）				
33	ずい道支保工		396（毎日,中震以上後）				
34	採石作業箇所	401	401（中震以上、大雨、発破後）				
35	ハッチビーム等	456					
36	揚貨装置	465					
37	スリング	476					
38	木馬道、ワイヤロープ、制動装置	490		490 (2)			
39	雪そり道,雪そりの制動装置	495					
40	機械集材装置、運材索道	511	511（組立て、変更、試運転、悪天候、中震以上後）				
41	足場	567	567（組立て、変更、悪天候、中震以上後）				
42	つり足場	568					
43	作業構台	578	575の8(2)（組立て、変更、悪天候、中震以上後）				
II．ボイラー及び圧力容器安全規則							
1	ボイラー			32 (2)	32		
2	第1種圧力容器			67 (2)	67		
3	第2種圧力容器			88 (2)		88	
4	小型ボイラー、小型圧力容器			94 (2)		94	
III．クレーン等安全規則							
1	クレーン	36	37（屋外30m/s風速、中震以上後）	34(2)・35(2)	35	34	
2	移動式クレーン	78		76(2)・77(2)	77	76	
3	デリック	121	122（屋外30m/s風速,中震以上後）	119 (2) 120 (2)	120	119	
4	エレベーター		156（30m/s風速、中震以上後）	154 (2) 155 (2)	155	154	

定期自主検査、点検を行うべき対象	点　　　検		自　　主　　検　　査				
	作業、使用開始前	その他	使用再開時	定　　　　期			
				月1回	年1回	その他	
5　建設用リフト	193	194（30m/s風速、中震以上後）	192 (2)	192			
6　簡易リフト	210		208 (2) 209 (2)	209	208		
7　ワイヤロープ等	220						
Ⅳ．ゴンドラ安全規則							
1　ゴンドラ	22	22(2)（強風、大雨、大雪後）	21 (2)	21			

(注)　　1．表中の数字は該当条文を示す。
　　　　2．条文の次の（　）内数字は項を示す。
　　　　3．労働衛生関係事項は省略した。

【3】点検検査の実施方法

　機械設備の点検検査は、次の(1)から順に(3)までの手順で実施します。

(1)　点検検査基準を作成する。

　　　点検検査基準は、企業の点検検査の実施の基本となるもので、職場から不安全状態を排除する柱になります。安全スタッフがラインの管理・監督者や作業主任者などと協力して作成します。基準の中に含めるべき事項を次に示します。

　①　点検検査の対象になる機械設備

　②　点検検査の実施頻度

　③　点検検査の実施内容

　④　実施に必要な検査・測定器具

　⑤　点検検査結果の良否判定の基準

　⑥　点検検査の実施時期（日、月）

　⑦　点検検査の実施者（社内、社外の別）

(2)　月次、年次の点検検査については、年間計画を作成し、安全衛生委員会の承認を得る。

(3)　点検検査を実施する。

【4】点検検査の留意点

点検検査を実施する際に留意すべき事項を次に掲げます。

(1) チェックリストだけに頼った形式的な点検は実施しない。

(2) 点検箇所の安全確認を指差し呼称で行う。

(3) 機械設備の走行、稼働確認などの危険作業に係る点検検査は原則として2人1組で行う。

(4) 屋外で点検検査を実施する場合は、自然環境にも配慮する。

(5) 点検検査結果から改善の必要が認められた事項については、報告書だけでなく、口頭でも責任者に説明する。

● ポイント解説 ●

機械は、その使用に伴う摩耗・腐食・金属疲労等の進行により、強度や性能の低下が避けられないものであり、それらが結果として災害に結びつくことから、使用段階において、定期的にその構造・性能について点検・検査を行うことが必要である。

● 用語解説 ●

・点検と検査

前者がある時点で安全確認するのに比べ、後者は経年劣化の状況観察を含めて安全確認を行うものである。点検の例には、始業時の機器の安全確認を行う作業開始前点検があり、検査の例としては、月、年間ごとの安全確認を行う月次、年次検査などがある。

・定期自主検査

労働安全衛生法第45条の規定に基づいて、定期的に、所定の機能を維持していることを確認するために行う検査のことである。厚生労働省令に検査の項目が定められており、異常を認めた場合には、事業者は直ちに補修する必要がある。また、定期自主検査記録は3年間保存となっている。

・特定自主検査

定期自主検査の対象機械のうち特に検査が技術的に高度であり、また事故が発生すると重篤な災害をもたらすおそれのある機械につ

いては、資格を有する検査者または厚生労働省・都道府県労働局に登録された検査業者により、1年以内（不整地運搬車については2年以内）ごとに1回、定期に行わなければならないとされており、この検査を特定自主検査という。

　法定の特定自主検査の対象機械に、動力プレス、フォークリフト、車両系建設機械、不整地運搬車および高所作業車がある。

4　作業手順

　作業を進める過程では、上司より書面または口頭で指示を受け、指示のない部分は、作業者の経験、知識から判断して、相補いながら仕事を終わらせます。これら、書面や口頭で指示された作業手順に基づいて仕事をしている過程で災害が起きたとすれば、指示のなかに欠陥が存在していることが考えられます。

【1】作業手順の重要性

　安全衛生を確保するための作業手順は、単なる作業指示書ではなく、作業者が不安全行動を起こさないで作業ができるように各作業者に与える作業手続きです。

　現在実施している作業の手順の中にある危険要因を取り出し、職長を中心とした現場管理者主導で作業している人の知恵を結集させて作業手順を作成し、改善した手順に従って作業を進めることによって、災害の発生を予防しようとするものです。

【2】作業手順の作り方

　安全衛生に関する作業手順は、次の(1)から順に(3)までの手順で作成します。

　(1)　対象作業を集める。

　　　対象とする作業には本作業だけでなく、準備作業と後始末作業を加えます。次に、手順作成が必要な作業を、微小災害を含む事故報告、ヒヤリハット報告などから集めます。

(2) 集めた作業を分類する。

　　災害危険に着目して収集した資料を、作業別に分け、優先順位を決めます。

　　この作業分析は、関係作業者から意見を聴きながら単位作業に分解していきますが、その過程で動作の欠陥を是正するための措置や安全確保に必要な配慮事項を検討します。

　　作業を分類・選定する際には、定常作業のみならず、機械修理などの非定常作業を忘れないようにします。

(3) 作業手順を作る。

　　優先順位に従って選定した作業ごとに、次の方法で安全衛生作業手順を作ります。

① 手順作成用紙の左側に、集めた資料に基づいて現在行っている作業・動作を書き込む。

② 用紙の右側に災害防止の急所を示す。

③ 作業手順の内容を調整し、安全衛生の急所（災害防止の要点）を加えて作業の手順を完成する。

【3】作業手順作成上の留意点

(1) 現在実施している作業方法のすべてに、不安全要素が排除されているという前提に立つ。

(2) 仕事を実際に行う現場の作業者の意見を作業手順に十分反映させる。

(3) 安全衛生の急所はできるだけ簡単な言葉で具体的な表現にする。「注意する」などの抽象的な表現は避ける。

(4) 作業手順の作成に際しては、長年の慣習を変えることも多く、辛抱強い取り組みが要求される。

(5) 効果ある作業手順を作成するためには、関係者の災害危険に対する高い感受性と安全衛生の知識・経験が要求される。したがって、事前に（平素から）安全衛生教育訓練を行っていることが必要である。

【4】作業手順の作成例

　　非定常作業（機械が故障し、修理者が停止した工程の中に入って修理をする場合）の作業手順の作成例を次に取りあげます。

これまでの作業手順例

ステップ	災害危険
① 機械の電源を切る。	• 間違ったブレーカーを開く（電源が切れていない）。 • 誰かがブレーカーを入れる。
② 「修理中」の標識をつける。	• 標識をつけるのを忘れる。 • 標識が近くにない。
③ 機械の修理をする。	• はさまれ、巻き込まれの危険がある。
④ 修理終了後、標識を取りはずす。	

改善後の作業手順例

ステップ	安全衛生の急所
① 機械の電源を切る。	• 電気の有無をテスターで確かめる。 • 電源ボックスの場合鍵をかける。 • 「鍵　ヨシ！」の指差し呼称をする。
② 電源を入れることができないようにする。	• 鍵は修理者が保管する。 • 開閉器の場合、機械的なストッパーをかける。 • 「ストッパー　ヨシ！」の指差し呼称で確認する。
③ 機械の修理をする。	
④ 電源ボックスの鍵をはずす。 　開閉器の場合、機械的なストッパーをはずす。	

【5】作業手順の実施

　作業手順を作成した後は、その徹底を図ることが重要です。また、工程の変化などに伴い、作業手順の見直しが必要になることがあります。

　次に作業手順実施上の留意事項をあげます。

(1)　作業手順の徹底

　①　現場の作業者に改善内容を知らせ、正しい、安全な作業を習得させる。その際、まず、監督者が手順に沿った作業をやってみせ

る。その時、安全衛生の急所を強調することが重要である。

② 作業手順は常時現場に掲示し、必ず活用する。

(2) 作業手順の見直し

① 作業手順に不具合が生じたとき、第一線監督者が内容を見直し、修正する。

② 工程の変化などに伴う作業手順の見直しは、上司と相談のうえ、前記新規作成例に準じた要領で行う。

通路の平面は平滑にし、障害物を置かないことが原則であるが、そのような通路ばかりとは限らない。突起物覆い（軽量合板製）を常備し、台車運搬をスムーズにさせる。

図24　作業手順を見直して作業を改善した例

● ポイント解説 ●

作業手順は、「どの作業にも不安全要素が排除されている」との前提に立つべきである。安全衛生の急所（災害防止の要点）が盛り込まれた、この作業手順を守れば必ず安全に作業を終えられるというものを採用する必要がある。

5　保護具

安全衛生管理の本筋は、機械設備や作業環境、作業方法の改善による

危険有害性の除去または防護が先決です。しかし、職場の実態は依然として、墜落、はさまれあるいは粉じん、騒音などの危険・有害要因がかなりのレベルで存在しています。したがって、最後の防護手段として保護具が登場し、場合によっては相当な効果を発揮することになります。

【1】 保護具使用の目的

保護具は、職場の危険・有害要因から働く人の身を守る手段の1つです。保護具を使用しなければならない場合に、これを使用しなかったり、使用しても効果がなければ致命的な被害をもたらしかねません。

次に保護具使用に関する原則をあげます。

⑴　保護具を使用しなければならない作業においては、必ず使用させること。

⑵　保護具は、対象となる危険・有害要因に対して保護効果をもち、作業者にとって使用しやすいものであること。

⑶　作業者に保護具の性能、正しい使用方法など必要な知識を付与しておくこと。

【2】 保護具の種類と役割

職場で使用する主な保護具を安全、労働衛生の分野別に分け、種類と性能について説明します。

⑴　安全保護具

①　保護帽

人間の中枢機能が集中する頭を守る。

人の墜落・転落、物の飛来落下および感電による危険を防止するという3種類がある。

②　保護眼鏡

視機能を有する重要な器官である眼を守る。

固形の飛来物や薬液飛沫防護用の保護眼鏡、溶接作業などで発生する有害光線を遮光する遮光眼鏡および一般粉じん防護用の防じん眼鏡がある。

③　保護手袋

鋭利な品物を取り扱って手指を切ったり、高熱または化学物質

表5　保護具を使用すべき作業の例（安全関係）

保護具	使用すべき作業	安衛法関係規則
保護帽、墜落制止用器具	型枠支保工の組立て、解体	安衛則538、518、247
	地山の掘削	〃　366、518、360
	ずい道等の掘削	〃　538、518、383-3
	土止め支保工の切りばり、腹おこしの取付け、取りはずし	〃　539、518、375
	採石のための掘削	〃　412、518、404
	林業架線作業	〃　151-150、(151-174)
	鉄骨の組立て、解体等	〃　539、518、517-5
	木造建築物の組立等	〃　539、518、517-13
	コンクリート造工作物の解体等	〃　539、518、517-18、-19
	コンクリート橋の架設等	〃　539、518、517-23、-24
	鋼橋の架設等	〃　539、518、517-9、-10
	クレーン、デリック、エレベーターおよび建設用リフトの組立て、解体	クレーン則 33、118、153、191
保護帽	貨物自動車（最大積載量5トン以上）での荷の積み卸し	安衛則151-74
	明り掘削	〃　366
	はい作業	〃　435
	港湾荷役作業	〃　464
	造林等	〃　484
	物体の飛来するおそれのある作業	〃　538
	上下同時作業における下方で行う作業	〃　539
墜落制止用器具	高さ2m以上の高所作業	〃　518
	〃　作業床の端、開口部等での作業	〃　519
	足場の組立て、解体等	〃　564
	クレーン等の臨時のとう乗設備に労働者を乗せて行う作業	クレーン則 27、73
	ゴンドラの作業床で行う作業	ゴンドラ則17
	酸素欠乏危険作業	酸欠則6
保護眼鏡、保護手袋	アセチレンによる金属の溶接、溶断等	安衛則312
適当な保護具	多量の高熱物を取り扱う作業	〃　255
	アーク溶接その他強烈な光線による危険場所	〃　325
	腐食性液体の圧送	〃　327
絶縁用保護具	高圧、低圧の活線作業および活線近接作業	〃　341～348
空気呼吸器または酸素呼吸器	ずい道等（1,000m以上）、たて坑（深さ50m以上）の建設または圧気工事（ゲージ圧0.1MPa以上）の作業で、ガス爆発・火災が発生した場合の救護活動	〃　24-3
呼吸用保護具	同上の場合の避難	〃　389-10

による火傷を防ぐ。

　材質からみると、溶接作業などの際の火傷を防ぐ革製、感電防止用のゴム製、刃物などによる切り傷防止用の特殊繊維製、化学物質用の合成樹脂製などがある。

④　安全靴

　重量物が足に落ちた場合に足指などを守る安全靴が代表的である。ほかに高熱または化学物質による火傷防止、感電防止用の安全靴もある。

⑤　墜落制止用器具

　落ちたときに身体を支持するフルハーネスと、それを取付設備につなぐランヤードにより構成され、作業中の労働者の墜落による危険を防止するために用いられる。

(2)　労働衛生保護具

①　呼吸用保護具

　粉じんや有機溶剤など空気中に浮遊する有害物質によるばく露を防ぐための防じんマスク、防毒マスク、電動ファン付き呼吸用保護具、送気マスク、空気呼吸器などがある。

　ａ．防じんマスクには取替え式（隔離式、直結式）と使い捨て式がある。取替え式防じんマスクは、ろ過材が交換できるが、使い捨て式は面体そのものがろ過材になっているので、使い捨てること。

　ｂ．防毒マスクに取り付ける吸収缶には有機溶剤等化学物質の種類に応じたものを使用すること。

　ｃ．粉じん則、石綿則、特化則で電動ファン付き呼吸用保護具の使用が定められた作業については、国家検定（型式検定）を受けたものを使用すること。

②　防音保護具

　騒音レベルが高い職場で働いている人の聴力を守るのが防音保護具で、耳栓、耳覆い（イヤーマフ）がある。

　ａ．耳栓は合成樹脂製の固形式とつぶして耳に入れる方式の２種類があり、どちらも20dB(A)前後の遮音効果がある。

　ｂ．耳覆いは耳栓と比較して値段が高いが、30dB(A)程度の遮音

保護帽

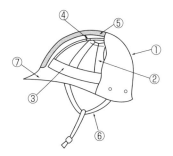

保護帽の構造

保護帽の構造は、帽体、着装体（ハンモック、ヘッドバンド、環ひもなど）およびあごひもからなるが、墜落時保護用保護帽は、帽体内側に衝撃吸収用のライナーを取り付けている。

①帽体　②ハンモック　③ヘッドバンド
④環ひも　⑤衝撃吸収ライナー
⑥あごひも　⑦つば

（注）安衛法令では、保護帽といい、国家検定を実施しているが、JISでは産業用ヘルメットという。

墜落制止用器具

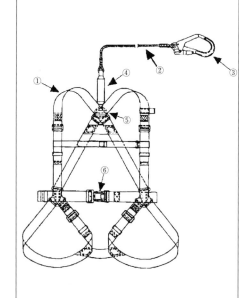

①ベルト
②ランヤードのロープ等
③フック
④ショックアブソーバ
⑤D環
⑥バックル

フルハーネス型の例

呼吸用保護具

防じんマスク（直結式・全面形）

防毒マスク（直結式・全面形）

図25　保護帽、墜落制止用器具、呼吸用保護具の例

ができる。また、外部から着用を確認できることから管理がしやすい利点がある。

　ｃ．強烈な騒音に対しては、耳栓と耳覆いの併用が有効である。

【3】保護具管理上の注意事項

　保護具は適正に管理しないと、十分な効果が得られません。以下に管理上の注意事項をあげます。

⑴　保護具の効力には限界があり、過小評価する必要はないが過大評価もしない。

⑵　選定に当たっては身体への密着性のよいものを選ぶ。

⑶　材質の変化、着用頻度などにより保護具には寿命・耐用限界があり、状態を見きわめて正しく交換する。

● ポイント解説 ●

　保護具は体に直接着けて、職場の危険から身を守るもので、保護具によってはお金のかかる機械設備の改善よりも効果が期待できる場合もある。しかし、ものによっては生理的負担が大きいため着用しがたい場合があるほか、着用の仕方、管理の方法が適正でないと着用しないのと同じ結果になってしまうことがあるので、基本に還って機械設備や作業環境改善が最も重要ということになる。

● 用語解説 ●

・騒音レベル

　聴感補正済みの音圧レベルをいい、測定値はdB(A)またはデシベルAと記す。職場の騒音測定では等価騒音レベル（10分、60分など継続した時間内での騒音エネルギーの平均値で、$L_{Aeq,10min}$、$L_{Aeq,1h}$などで表す）を求める。

・破過時間

　破過とは、有機溶剤などの有害ガス用防毒マスクの吸収缶の吸収剤が飽和して除毒能力をなくし、有害ガスがそのまま吸収缶を通過する状態をいう。破過時間は吸収缶の許容使用時間を示し、吸収缶の取替え時期の判断に用いられる。

(4)　作業が終了した時点で保護具を点検し、破損、亀裂、著しい変形
　　などの有無を確かめる。

(5)　使い捨て式保護具は、一度使用したものは再利用しない。

(6)　防じんマスクは、使用中息苦しさを感じた場合には取り替える。

(7)　防毒マスクの吸収缶は、メーカーが示す破過時間に達した時、ま
　　たは有害物の臭気等を感知した場合には取り替える。

6　安全衛生教育

　知識や経験のない若年労働者にいきなり機械操作を行わせたところ、
2時間も経たないうちにけがをしてしまった例があります。この種の労
働災害を防止するためには、機械設備や作業環境を改善整備する物的対
策のほか、労働者に必要な技能と知識を付与し、安全衛生に関する管理
規定や作業手順を守るように習慣づけることが必要となります。

　この人的対策の主要な部分を占めるのが、安全衛生教育です。

表6　労働安全衛生法

（安全衛生教育）
第59条　事業者は、労働者を雇い入れたときは、当該労働者に対し、厚生労働
　　省令で定めるところにより、その従事する業務に関する安全又は衛生のため
　　の教育を行なわなければならない。
②　前項の規定は、労働者の作業内容を変更したときについて準用する。
③　事業者は、危険又は有害な業務で、厚生労働省令で定めるものに労働者を
　　つかせるときは、厚生労働省令で定めるところにより、当該業務に関する安
　　全又は衛生のための特別の教育を行なわなければならない。
第60条　事業者は、その事業場の業種が政令で定めるものに該当するときは、
　　新たに職務につくこととなつた職長その他の作業中の労働者を直接指導又は
　　監督する者（作業主任者を除く。）に対し、次の事項について、厚生労働省令で
　　定めることろにより、安全又は衛生のための教育を行なわなければならない。
　1　作業方法の決定及び労働者の配置に関すること。
　2　労働者に対する指導又は監督の方法に関すること。
　3　前二号に掲げるもののほか、労働災害を防止するため必要な事項で、厚
　　　生労働省令で定めるもの。

【1】安全衛生教育の目的

　機械設備や作業方法の改善など職場に存在する危険・有害要因を除去して、災害の芽を摘むためのノウハウを労働者に伝授することが、安全衛生教育の主な目的です。

【2】安全衛生教育の種類

　安全衛生教育については、厚生労働省の「安全衛生教育等推進要綱」（平成 3 年 1 月21日付け基発第39号通達）により体系化されています。

　以下に主な安全衛生教育の種類をあげます。

⑴　部下を安全に作業させるための教育

　①　経営トップ等安全衛生セミナー

　②　管理監督者能力向上教育

　③　職長等教育

　④　作業指揮者、安全衛生責任者教育

⑵　現場で、安全に作業をするための教育

　①　雇入れ時教育

　②　危険有害業務従事者教育

　③　危険再認識教育

　④　災害危険のあるその他の作業者教育

討議方式の教育では全員が意見を出し合います。

表7　安全衛生教育の体系

教育 等 の 対 象 者		就業資格	就業時教育等	就業中教育等
1．作業者	一般業務に従事する者 危険有害業務に従事する者 　・就業制限業務に従事する者 　・特別教育を必要とする危険有害業務に従事する者 　・その他の危険有害業務に従事する者 一般業務に従事する者および危険有害業務に従事する者	免許試験・技能講習	雇入時教育 特別教育 特別教育に準じた教育	（作業内容変更時教育） 高齢時教育 危険有害業務従事者教育（定期または随時）危険再認識教育 健康教育
2．安全衛生に係る管理者	安全管理者 衛生管理者 安全衛生推進者 衛生推進者 店社安全衛生管理者 元方安全衛生管理者 救護技術管理者 計画参画者 作業主任者 安全推進者 職長等 作業指揮者 安全衛生責任者 交通労働災害防止担当管理者 荷役災害防止担当者 危険性又は有害性等の調査等担当者・労働安全マネジメントシステム担当者 化学物質管理者 健康保持増進措置を実施するスタッフ 事業場内産業保健スタッフ	実務経験等 免許試験等 実務経験・養成講習 実務経験・養成講習 実務経験 実務経験 研修 実務経験・研修 免許試験・技能講習 実務経験	能力向上教育（初任時） 職長等教育 指名時教育 選任時教育 選任時教育 指名時教育 指名時教育 選任時教育	能力向上教育（定期または随時） 能力向上教育に準じた教育（定期または随時） 原材料、作業方法等に大幅な変更があったとき（随時） 健康保持増進措置を実施するスタッフ養成専門研修 メンタルヘルスケアを推進するための教育研修
3．経営トップ等	事業者 総括安全衛生管理者 統括安全衛生責任者 安全衛生責任者 管理職			安全衛生セミナー
4．安全衛生専門家	産業医 労働安全コンサルタント 労働衛生コンサルタント 作業環境測定士 安全管理士 衛生管理士	医　師 免許試験・登録 免許試験・登録 試験・講習・登録 実務経験等 実務経験等		実務能力向上
5．技術指導	特定自主検査に従事する者 定期自主検査に従事する者 生産技術管理者 設計技能者等	実務経験・研修	選任時教育	能力向上教育に準じた教育（定期または随時） 技術者教育（随時）
6．その他	就業予定の実業高校生		卒業前教育	

【3】安全衛生教育実施上の留意事項

(1)　教育は、教える者より教わる者が主体とされるべきで、教える側の者は、いかに効果ある教育を実施するかを模索せねばなりません。

(2)　管理・監督者などを対象にした教育では、討議方式を採用するとより効果をあげることができます。討議方式では発言者が片寄らないように配慮する必要があります。

(3)　作業者に対する教育では、難しい言葉を使わないようにします。

(4)　中小企業にとっては、すべての安全衛生教育を事業場内で実施することは困難なことが多いと思われます。外部講師を招いても、なお自らの実施が困難なものについては、安全衛生団体が実施する講習会に参加させるなど、外部研修機関の活用により教育の推進を図る方法があります。

(5)　教育の本来のねらいは、教えること自体ではなく、その内容を日常の作業で実践させることにあります。現場監督者や安全衛生スタッフはもちろん、経営者自ら現場作業者の仕事ぶりを観察するなど、教育の効果を職場に浸透させることが必要です。

● ポイント解説 ●

・機械設備の安全化や作業方法の改善などすべての安全衛生管理の成果は、実施者の実行能力によって左右される。管理・監督者をはじめ、組織内で働くすべての人の能力向上がその決め手となる。
・1人作業における安全確保や健康の保持増進を図るためには、事業者の責務のほか労働者の自助努力が重要となる。

表8　労働安全衛生法に基づく資格の概要

（注）法は安衛法、令は安衛令、則は安衛則

法定資格の区分	関連法令条項	対　象　業　務	
免許（法第72条　則第62条、第69条）	法第12条 則第10条	衛生管理者（第1種、第2種） 衛生工学衛生管理者	
	法第14条 令第6条 則第16条（別表第1）	高圧室内作業主任者 ガス溶接作業主任者 林業架線作業主任者 ボイラー取扱作業主任者 エックス線作業主任者	ガンマ線透過写真撮影作業主任者
	法第61条 令第20条 則第41条（別表第3）	発破技士 揚貨装置運転士（5トン以上） ボイラー技士（特級、1級、2級） ボイラー溶接士（特別、普通） ボイラー整備士	クレーン・デリック運転士 　（5トン以上） 移動式クレーン運転士（5トン以上） 潜水士
技能講習（法第76条　則第79条）	法第14条 令第6条 則第16条（別表第1）	木材加工用機械作業主任者 プレス機械作業主任者 乾燥設備作業主任者 コンクリート破砕器作業主任者 地山の掘削作業主任者 土止め支保工作業主任者 ずい道等の掘削等作業主任者 ずい道等の覆工作業主任者 採石のための掘削作業主任者 はい作業主任者 船内荷役作業主任者 型枠支保工の組立て等作業主任者 足場の組立て等作業主任者 建築物等の鉄骨の組立て等作業主任者 鋼橋架設等作業主任者	木造建築物の組立て等作業主任者 コンクリート造の工作物の解体等作業主任者 コンクリート橋架設等作業主任者 第一種圧力容器取扱作業主任者 　（化学設備関係、普通） 特定化学物質作業主任者 鉛作業主任者 四アルキル鉛等作業主任者 酸素欠乏危険作業主任者 有機溶剤作業主任者 石綿作業主任者
	法第61条 令第20条 則第41条（別表第3）	床上操作式クレーン運転 小型移動式クレーン運転 ガス溶接 フォークリフト運転（1トン以上） ショベルローダー等運転（1トン以上、含フォークローダー） 車両系建設機械（整地・運搬・積込み用及び掘削用）（基礎工事用） 　（解体用）運転 不整地運搬車（1トン以上）運転 高所作業車（10メートル以上）運転 玉掛け（1トン以上） ボイラー取扱	

法定資格の区分	関連法令条項	対　象　業　務	
特別教育（法第59条　則第36条）	法第59条 則第36条	研削といしの取替え等の業務 プレス等の金型等の取付け、取外し又は調整の業務 アーク溶接等の業務 高圧の充電電路の敷設等の業務 低圧の充電電路の敷設等の業務 低圧の蓄電池を内蔵する自動車の整備の業務 1トン未満のフォークリフト運転の業務 1トン未満のショベルローダー、フォークローダーの運転の業務 1トン未満の不整地運搬車の運転の業務 5トン未満の揚貨装置の運転業務 伐木等機械の運転の業務 走行集材機械の運転の業務 機械集材装置の運転の業務 簡易架線集材装置の運転の業務 チェーンソーを用いる伐木造材の業務 3トン未満の車両系建設機械の運転の業務 基礎工事用機械で自走できないものの運転の業務 車両系建設機械（基礎工事用）の作業装置の操作の業務 ローラー等の運転の業務 コンクリートポンプ車の作業装置の操作の業務 ボーリングマシンの運転の業務 ジャッキ式つり上げ機械の調整又は運転の業務 10メートル未満の高所作業車の運転の業務 巻上げ機の運転の業務 動力車等の運転の業務 小型ボイラーの取扱いの業務	5トン未満のクレーン運転の業務 1トン未満の移動式クレーン運転の業務 5トン未満のデリック運転の業務 建設用リフト運転の業務 1トン未満のクレーン又はデリックの玉掛け業務 ゴンドラの操作の業務 作業室等に送気するための空気圧縮機の運転の業務 高圧室内作業に係る作業室への送気の調節の業務 気閘室への送気、排気の操作の業務 潜水作業者への送気の操作の業務 再圧室操作の業務 高圧室内作業の業務 四アルキル鉛等業務 酸欠危険作業の業務 特殊化学設備取扱い等の業務 エックス線、ガンマ線による撮影の業務 核燃料物質等によって汚染された物を取扱う業務（加工施設等、原子炉施設） 東日本大震災により生じた放射性物質（事故由来放射性物質）により汚染された除去土壌及び汚染廃棄物（事故由来廃棄物等）の処分の業務 特例緊急作業の業務 特定粉じん作業の業務 ずい道掘削等作業の業務 産業用ロボットの教示等の業務 産業用ロボットの検査等の業務 タイヤの空気充てんの業務 ダイオキシン類対策特別措置法施行令別表第1第5号に掲げる廃棄物焼却炉を有する廃棄物の焼却施設においてばいじん、焼却灰等を取扱う業務　※ 次頁に続く

表8 労働安全衛生法に基づく資格の概要 （つづき）

法定資格の区分	関連法令条項	対象業務
		廃棄物焼却炉、集じん機等の設備の保守点検等の業務 廃棄物焼却炉、集じん機等の設備の解体等の業務及びばいじん、焼却灰等を取扱う業務 石綿等が使用されている建築物等の解体等の業務 除染等業務及び特定線量下業務 足場の組立て、解体又は変更の作業に係る業務 ロープ高所作業に係る業務 フルハーネス型墜落制止用器具を用いて行う作業に係る業務
学歴及び経験（一部研修）	法第12条の2 則第12条の3	安全衛生推進者、衛生推進者
	法第15条の2 則第18条の3	元方安全衛生管理者
	法第11条 則第5条	安全管理者
学歴、経験及び研修	法第45条 令第15条	次に掲げる機械の特定自主検査の業務 動力プレス（則第135条の3） フォークリフト（則第151条の24） 不整地運搬車（則第151条の56） 車両系建設機械（則第169条の2） 高所作業車（則第194条の26）

7 災害調査と再発防止

【1】災害調査の目的

　災害調査の目的は、二度と災害が発生することのないよう、さまざまな観点から発生原因を追究し安全衛生管理をより実行あるものとして見直し改善するために行うものです。

【2】災害調査の要点

（1）　いつ調査するか

　事故現場は時間の経過とともに、機械設備の状態、作業環境および被災者や関係者の証言も変わってくるので、事故が起きてから時間を置かないで調査を始めることが、より正確な事実を知り得るこ

表9　災害調査の手順

(1)　事実の確認［第1段階］

　　被害者、目撃者その他関係者について現場調査することにより、作業開始から災害発生までの経過の中で災害と関係のあった事実を明らかにする。①人、②設備（物）、③作業、④作業中の管理に関する事項、について時系列的に整理する。

(2)　直接原因と問題点の確認［第2段階］

　　把握された事実から災害の直接原因となった不安全状態、不安全行動を確定するとともに、諸基準（安全規程や作業手順などの社内基準）との関連において問題点を明らかにする。

(3)　基本原因と根本的問題の決定［第3段階］

　　災害の直接原因となった不安全状態、不安全行動の背後にある基本原因（人、設備（物）、作業、作業中の管理との関連事項）を分析し、それを解決するための根本的問題を決定する。

(4)　対策の樹立［第4段階］

　　災害原因および根本的問題点から同種災害の防止対策を樹立する。

とになります。

(2)　災害原因の究明

　　災害調査の中心になるのが災害要因の把握で、この原因究明が不正確だと改善対策も不成功に終わります。調査すべき災害要因を次にあげてみます。

①　災害の直接原因

　　災害の表面に出てきた事実としての、不安全な状態と行動が直接原因になります。

②　災害の間接原因

　　災害の直接原因をもたらした要素が、間接原因になります。

　　特に、安全管理上の欠陥・問題点を探ることが極めて重要です。すなわち「なぜ、このような不安全状態・不安全行動が放置されていたのか」を調査することです。

(3)　災害発生を時系列にとらえる

　　災害要因を探し出す方法の1つに、時系列法があります。災害発生の前後の短時間に行った作業動作を、分、秒単位で再現して時系

列表にまとめ、どの時点で災害が起きたのかを確かめます。

⑷　災害の再発防止対策

　　災害原因や時系列で得た情報を基にして、再発防止対策を立てます。

【3】災害調査実施上の留意点

⑴　災害関係者からの聴取り調査では、強圧的な言動をつつしみます。

⑵　出張先など社外で事故が発生した場合には、出先の関係者との接触、連絡を密にします。

⑶　管理責任を追及されるあまり労災事故を報告しないなどは論外ですが、調査の目的である原因究明をおろそかにしないよう留意します。

⑷　災害調査は、事故の原因などを明らかにし、再発防止を図ることが主眼であり、責任を追及することが本旨ではありません。

● ポイント解説 ●

- 「災害の芽」を発見することが同種災害の再発を防止する上で重要である。また、災害調査の実施によって判明する事実には、災害の原因だけでなく、職場全体の作業工程や人間関係にまで及ぶ諸要因が含まれる。
- 職場で災害が起きても発生の事実を隠して外部に公表しない、いわゆる労災隠しが報道されることがある。このような行為は、災害原因の究明を阻害し、「災害の芽」を放置することになる。

日常の安全衛生活動

第5章

1 整理・整とん・清掃・清潔（4S）

　職場の安全衛生は、"4Sに始まり、4Sに終わる"とまで言われます。

　安全衛生の優良事業場として表彰を受けたあるプレス加工会社の社長は、「十数年前に労働局による特安指定（災害多発などの理由により、安全管理特別指導の対象とされること）を受けたのを契機に、社長の私自ら従業員と一緒になって、工場の整理・整とん（2S）から職場改善を始めた。それで今日のわが社がある」と話しておられます。

　また、工程の自動化や産業用ロボットが稼働する先端的な職場においても、4S運動の重要性は増しています。

　経営トップが関心をもち、職場関係者全員が参加し、一人ひとりが役割を分担して、毎日の仕事の中で4Sを実践していきたいものです。

　※4Sを基本にしながら、それらを教育や仕組みづくりで徹底させる「しつけ」「習慣」などを5つめのSとする「5S」活動も広く実践されています。

図26　雑然とした職場は災害の温床

(1)　4Sの意味

　①　整理

　　　a．作業に必要な物といらない物を、選別する。

　　　b．いらない物は、搬出または廃棄する。

　②　整とん

　　　a．必要な物品の置き場所を決め、通路を保全する。

　　　b．物品は、取り出す際に作業がしやすい、荷くずれなどの危険がない、物品が損傷しないように保管する。

　③　清掃

　　　a．単なる掃除ではなく、整理・整とんの仕上げ作業として行う。

　　　b．機械設備や物品、通路・作業床および室内空間からヨゴレ、ゴミ、クズ、ホコリなどを取り除く。

　④　清潔

　　　a．生産工程で生じる有害物質などによる作業場の汚染を防止する。

　　　b．作業環境および施設を、良好な衛生状態に保つ。

(2)　4Sの効果

　①　安全衛生関係

　　　a．すべり、つまずきなどによる転倒災害がなくなる。

　　　b．危険・有害物の発散・漏えいを防止し、除去することにより、爆発・火災、有機溶剤中毒などを予防できる。

　　　c．切削クズ、ホコリなどを除去して、機械設備の故障やトラブルによる災害を防止することができる。特に、自動化機械などのエレクトロニクス制御装置は、ゴミやホコリによる故障やトラブルを起こしやすく、その修理中に災害が起こりやすいことに注意する必要がある。

　　　d．安全衛生に関する標識や表示、機械の操作系統の表示などをきれいで、見やすい状態に保つと、不安全状態、誤操作などによる災害防止につながる。

　②　生産性の向上

　　　a．ムリ、ムダが排除でき、作業能率があがる。

　　　b．ヨゴレ、ゴミ、ホコリなどによる不良品を出さなくなり、品質が良くなる。

表10　4S実施上のチェックポイント（例）

通路
① 幅80cm以上の安全な通路が設けられているか。
② 白線、柵等で、作業場所と区別されているか。
③ 物が置かれていないか。
④ 凹凸、段差等不安全な状態はないか。
⑤ 油や水がこぼれていないか。
⑥ 通路を不安全に横切るコード、ホース、配管類はないか。または、安全に覆われているか。
⑦ 出入口の広さは十分か。妨害物がないか。

作業床
① 不要物が置かれていないか。
② 凹凸はないか。
③ 油や水がこぼれていないか。
④ コード、ホース、配管類が不安全な状態にないか。
⑤ 治工具、作業用具、掃除用具等は、所定の場所に使いやすい状態で収納されているか。
⑥ 廃品、クズ等は、捨てる場所を指定し、区分され、内容物を表示した適切な容器に収納され、たまりすぎていないか。
⑦ 危険・有害物は、指定場所の専用容器に収納されているか。
⑧ 電源スイッチ、消火器、防火設備、非常口等の前に、物が置かれていないか。表示が見えにくくないか。
⑨ 清掃は良好か。ゴミ、ホコリがたまっていないか。

原材料、半製品
① 棚、台、箱、枠等に適切に区分され、収納されているか。
② 運搬可能な通路、空間が確保されているか。
③ 形状や重量に応じて積上高さ、はい付け等を決め、荷崩れ、落下、転倒のおそれのない、安定した置き方をしているか。

ゴミ、ホコリ、クズ
① 清掃がよく行われ、ゴミ、ホコリがたまった状態になっていないか。
② 機械設備とその周辺は、よく清掃されているか。
③ 廃品、クズ等は、捨てる場所を指定し、内容物を表示した適切な容器に収納され、たまりすぎていないか。
④ 油ボロは、ふた付きの不燃性容器に収納されているか。
⑤ 廃品、クズ置場の4Sは良好か。
⑥ 掃除用具は所定の場所に収納されているか。

2 安全朝礼

　これから働こうとする人の頭脳や神経に酸素を吹き込み、安全に仕事を始める刺激剤としての役割を、この安全朝礼が果たします。

　(1)　安全朝礼の方法

　　①　毎朝の始業時に安全朝礼を行う。

　　②　朝礼の担当は、監督者や作業者が交替で行う。

　(2)　安全朝礼の効果

　　①　朝礼によってお互いの考え方がわかる。

　　②　作業者各人の考えていることを発言する良い機会になる。

　　③　「保護帽の着用」など朝礼での発言が、発言者のみならず、作業者全員の行動を安全側に誘導することになる。

　　④　監督者の指示がしやすくなる。

3 危険予知訓練（KYT）

　災害防止の長い歴史の中で、危険予知訓練（KYT）ほど働く人の心を捉え、全国規模で発展した活動はありません。危険予知訓練は、グループで討議し、危険要因を発見し、対策を誘導するというもので、安全意識の高揚策として最も効果のある手法の1つになっています。

(1)　危険予知訓練の方法

　①　イラストまたは作業現場にある機械設備や作業方法を題材として、グループあるいは個人を対象として訓練を行う。

　②　現場のリーダーが中心となって、全員参加で、継続的に行う。

　③　訓練の質的向上を図るため、外部の講師を招くなどして定期に研修会を開く。

(2)　危険予知訓練の効果

　①　危険に対する感受性が高まり、今までは見逃されがちだった潜在的な危険を発見する能力が高まる。

　②　グループで討議するので、共通した認識が生まれる。

　③　反復訓練することにより、訓練で得た経験が災害防止対策の実際面で生かされる。

　④　みんなで声を出すことで、自分もやろうという意欲がわいてくる。

〔状況〕　あなたは、吊り荷にワイヤーをかけて地切りをしようとスイッチに手をかけている。

（解答例は次のページをご覧下さい）

図27　どんな危険がひそんでいるか

表11　危険予知訓練（KYT）の進め方

導　入		〔全員起立〕リーダー （整列・番号、挨拶、健康確認）
1 R	現状把握 どんな危険がひそんでいるか	
2 R	本質追究　　○　→　◎ これが危険のポイントだ	◎印にアンダーライン 危険のポイント→指差し唱和 「〜なので〜になる　ヨシ！」
3 R	対策樹立 あなたならどうする	
4 R	目標設定　　　チーム 　　　　　　※→行　動 私達はこうする　目　標	重点実施項目※印にアンダーライン チーム行動目標→指差し唱和 「〜を〜して〜しよう　ヨシ！」
確　認		指差し呼称項目 3回唱和 タッチ・アンド・コール 「ゼロ災で行こう　ヨシ！」

【危険予知訓練の要点】（図27の解答例）

1．これが危険のポイントだ
　①　吊り荷にかかるところのワイヤーを握っているので、ワイヤーが張ったとき手をはさむ
　②　吊り荷とフックの芯がずれているので、地切りのとき吊り荷が振れて足にあたる
　③　吊り荷を見ながらスイッチ操作をしていて押しまちがえたので、吊り荷が振れて体にあたる
2．具体的対策
　①　ワイヤーは手のひらで押さえる
　②　地切りのときいったん停止して芯を確かめる
　③　スイッチの位置を目線まで下げてボタンを確認する

4 指差し呼称

　鉄道関係で始まった指差し呼称が産業現場に普及し、家庭の主婦までがその効用を信頼し、この手法を用いてガス栓閉止などの確認をするようになりました。実施したこと、またはしようとしていることを、指で差し、声を出して、事実を確かめる効果は、科学的に立証されています。また、指差し呼称は、危険予知訓練の一部として行われています。

（1）　指差し呼称の方法

　　背を伸ばして真っすぐに立って、腕を伸ばして指で示している対象物を凝視し、「○○ヨシ！」と声を出し、腕を振り下ろす。

図28　指差し呼称"ヨシ"の図

(2) 指差し呼称の効果

① 人、物などの対象物を凝視することで、注意力を集中させることができる。

② 確認してから行動に移るので、誤判断、誤操作、誤作業を防ぐ。

③ 指差し呼称を周囲の人が見て、安全意識の輪が広がる。

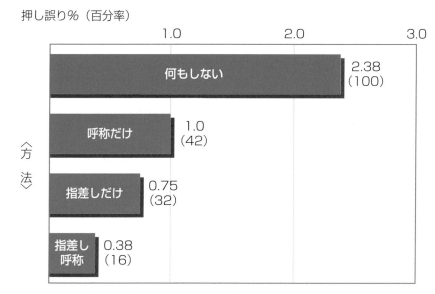

押し誤り％（百分率）

1996年、鉄道総合技術研究所が発表した「指差し呼称」の効果検定実験結果によると、何もしない場合に比べて、"呼称"して反応する場合、"指差し"して反応する場合、"指差し呼称"して反応する場合の順序で作業の正確度が高くなり、しかも指差し呼称することによる時間的な遅れは、統計的に意味のある差が見られないことが明らかになっている。また同実験によると、指差し呼称の効果は、何もしない場合に比べ、"指差し呼称"する場合には誤りの発生率が約6分の1になるということが示されている。

図29　指差し呼称の効果検定実験結果（1996年鉄道総合技術研究所）

5 ヒヤリハット活動

　職場で仕事をしていて事故にはならなかったけれども、ヒヤリとした、ハットしたなどは誰もが経験していることで、これらの災害に発展する可能性のある危険要因をヒヤリハットの段階で取り除こうという活動が、多くの企業で行われています。

(1) ヒヤリハット活動の方法

① 職場でヒヤリハットを経験した人は、メモ用紙に、５Ｗ１Ｈの

事項を書き込んで上司に提出する。

② 災害調査に準じた方法で危険の芽を探し出し、改善措置をとる。

(2) ヒヤリハット活動の留意点

① ヒヤリハット報告を、安全衛生活動の基本である災害危険の把握の一手法と位置づける。

② 報告者が、ヒヤリハットを報告しやすい雰囲気を職場内につくる。

③ 監督者は、ヒヤリハット活動について、部下に納得が得られるように説明する。

● 用語解説 ●

・5W1H

Who（だれが）、When（いつ）、Where（どこで）、What（なにを）、Why（なぜ）の5WとHow（どのように）の略で、ヒヤリハット報告、災害時の緊急連絡などで広範囲に使われる。

---

6 週間行事

毎年、7月、10月になると二大行事である全国安全週間と全国労働衛生週間の掲示板が、駅や、工場の正門前に立てられ、道行く人に安全衛生の重要性を訴えています。また、各事業場でも、この貴重な意識高揚の機会を活用して、色々な行事を計画、実施しています。

全国安全週間（左）、全国労働衛生週間（右）向けのぼり、バッジの例（中災防）

(1) 週間行事の方法

　企業が実施している、週間行事の主なものをあげてみます。

　① 安全標語の募集

　② 経営トップ、専門家による安全衛生講話

　③ 優良職長、作業者の表彰

　④ グループの寄せ書き、家族の作文コンテスト

(2) 週間行事の効果

　① 全国規模の行事であり、社員全員の意識高揚に役立つ。

　② 経営トップの災害防止についての熱意を伝える場になる。

● 用語解説 ●

・全国安全週間（7月1日から1週間）

　大正8年、東京を中心にしてはじめて実施された安全週間は、その後地方に広まっていき、やがて昭和3年7月2日から7日まで行われた全国安全週間にまで発展した。「一致協力して怪我や病気を追払ひませう」という中央標語を掲げた第1回の週間以来、戦時中も中断することなくつづけられ、半世紀を超える歴史をもつ世界にも例のない安全運動の1つになっている。

　全国安全週間には、安全管理の現状を見直し、対策を立てることで、経営首脳を含め事業場の全員が災害防止の決意を新たにするため、経営首脳のパトロール、職場ごとの安全集会、ポスター、標語の募集などの行事が行われる。

・全国労働衛生週間（10月1日から1週間）

　昭和22年に誕生した衛生管理者が増加するにつれ、衛生管理者の組織づくりも進んでいった。こうした動きを背景に労働衛生の水準の向上に関する社会的要請が高まり、昭和25年、全国安全週間から独立し、今日に至っている。

7 改善提案

　働く人の創意工夫があって初めて企業の発展が期待でき、また、災害防止の成果があがることになります。提案制度は、第一線で働く人が安全衛生に関し"改善しよう"という意欲を書面を通して実現するための方法です。

重量物保管棚を引き出し式にして、ホイストを利用して出し入れする。

傾斜パレットにより体と荷物との距離を短くし、前屈での荷扱い姿勢が少なくなった。

図30　職場の提案で改善された例

⑴　改善提案の効果

　① 現場労働者の安全衛生に関する感受性が高まる。

　② 職場の安全衛生意識がボトムアップする。

⑵　改善提案制度の留意事項

　① すべての提案は誠意をもって公平に審査を行い、2〜3日以内に1回目の通知などを行う。

　② 提案の内容にはなるべくクレームをつけない。

　③ 採用したものはなるべく早く実施する。

　④ 不採用のものについてはその理由を説明する。

　⑤ 提案内容を公開するなどにより職場内の全員活動となるよう工夫して提案を出しやすいムードを作る。

　⑥ 書くことの苦手な人も容易に提出することができるよう、簡単に記入できるような提案様式とする。

　⑦ 採用した提案については、表彰などによってその労に報いる。

● ポイント解説 ●

　日常の安全衛生活動が活発になればなるほど、明るい雰囲気でいきいきと働けるようになる。災害防止は働く人全員の永遠の課題であるが、地道な日常活動によってその道が開かれる。

　安全衛生活動は、経営者の明確な方針のもとに指示を下して組織に浸透させるトップダウンと、現場労働者が全員参加で行う危険予知活動（KYT）や職場改善提案などを通して高められた感受性・取り組み意欲に裏づけられたボトムアップが相まって活性化する。

第2編

労働衛生と
健康づくりの基本

労 働 衛 生 対 策

1 なぜ職場で健康管理が必要か

　人間の健康は、個人または組織（家族、企業、国家など）のいずれの立場からも、基本的権利として尊重されなければなりません。また健康の保持は、有害な業務に従事する場合は、事業者責任による管理となりますが、生活習慣などが要因となる場合にはまず本人の責任において自己管理することが基本です。ここでは企業経営の立場からみた労働者の健康管理の必要性について述べることにします。

　事業場における健康管理は、職業性疾病の発生を未然に防止し、個々の労働者が健康で、気持ちよく働くことができる職場をつくることを目指して、次のように行われます。

① 　労働者のいま保持している心身の能力を十分に発揮できるように、作業環境と作業条件を整備する。
② 　労働者のいま保持している心身の能力をさらに伸ばすように、教育訓練などによって能力開発を行う。
③ 　労働者のいま保持している心身の能力を失わないように、心身両面のヘルスチェックを行い、職場から健康障害要因を排除するとともに、積極的な健康の保持増進を図る。
④ 　労働者の失われた心身の能力を回復し、あるいは残された心身の能力を有効に発揮できるように、適切な医療、健康指導、リハビリテーションなどにより職場復帰に努める。

　そうすることによって人的資源が適正に活用され、労働者の能力が十分に発揮され、また、労働者の生活が確保されて生産効率の向上を図ることができるのです。

　事業場において健康管理を展開するとき、経営サイドからは費用－効果について観察することが有用と思われます。例えば統計上、疾病休業

による損失日数は災害による損失日数を上回っていますので、個々の事業場で疾病休業を減少させる努力が必要です。適切な健康管理によって疾病休業を減少させることができれば、コスト減としての経済効果が得られます。

さらに副次的な効果として、健康保険の費用の減少をもたらすこともできます。

2 労働衛生の目的

労働安全衛生法では、職場における労働者の健康を保持増進するために、事業者が講ずべき措置として、次に掲げる「作業環境管理」、「作業管理」、「健康管理」のいわゆる労働衛生の3管理を適切に行うとともに、労働者に対する健康教育、健康相談などを継続的かつ計画的に講ずるように努めることが定められています。

① 作業環境測定とその結果の評価などの措置を講ずることにより、作業環境を良好な状態に維持管理すること。
② 作業に伴う過度の疲労やストレスが蓄積することがないように作業を適切に管理すること。
③ 労働者の健康状態を的確に把握するための健康診断を実施し、その結果に基づいて、必要があると認めるときは就業場所の変更などの適切な措置を講ずること。

このような労働衛生対策は、昭和63年の労働安全衛生法の改正において、それまでの健康障害の防止を重点とした対策から、さらに進んで積極的な労働者の心身の健康保持増進を図ることを目指したものに充実されるに至りました。

この法の目指す内容が、現在のわが国における労働衛生の目的といえます。

● ポイント解説 ●

　WHO（世界保健機関）とILO（国際労働機関）の労働衛生に関する合同委員会は、1995年4月に、労働衛生についての新しい定義を採択した。その内容を以下に掲げる（前段は1950年の定義と変わっておらず、後段が新しく追加したものである）。

　世界のより高い労働衛生の目標に関する考え方の方向が示されたものとして注目される。

「労働衛生の目的：次の要件を満たすことによって、仕事の人間への適合と人間の仕事への適応を図ることである。

① 　あらゆる職業に従事する人々の肉体的、精神的健康および社会的福祉を最高度に増進し、かつこれを維持させること

② 　作業条件にもとづく疾病を予防すること

③ 　健康に不利な諸条件から雇用労働者を保護すること

④ 　作業者の生理的、心理的特性に適応する作業環境にその作業者を配置すること

　以上を要約すれば、人間に対し作業を適応させること。各人をして各自の仕事に対し、適応させるようにすること。」

「労働衛生における重要な3つの異なる目的：

① 　作業者の健康と労働能力を維持増進すること

② 　安全と健康のため、作業環境と作業方法を改善すること

③ 　作業中の健康と安全を支援し、積極的な社会的気風（企業風土）とその円滑な運営を促進し、企業の生産性を高められることになるような作業組織および労働文化を発展させること

　ここでいう労働文化の概念は、当該企業で採用される不可欠な価値体系への反映を意味するように意図されている。このような文化は実際には、企業の経営体制、人事方針、参加の原則、教育訓練方針および品質管理に反映される。」

3 職業性疾病の予防

【1】労働衛生の実態

労働衛生の主要対策は職業性疾病の予防であるといえます（メンタルヘルス対策は後述の第2章2（116ページ）を参照）。

職業性疾病は、労働者が職場で発生する有害因子へのばく露を受けることによって起こります。有害因子は有機溶剤などの化学的要因、騒音、電離放射線などの物理的要因など多岐にわたりますが、これらの有害因

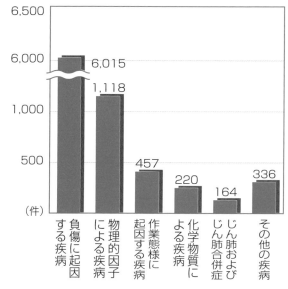

資料：厚生労働省「業務上疾病調」
注）「じん肺およびじん肺合併症」数は、管理4決定数と合併症り患件数の和（随時申請にかかるものを含む）

図31　疾病分類別業務上疾病者数（平成31/令和元年）

● ポイント解説 ●

職業がんその他の重篤な健康障害を生ずるおそれのある業務のうち法令で定めるものに従事した後離職した者に対しては、法令に基づき健康管理手帳が交付される。この制度は、じん肺管理区分が管理2または3の者および職業がんの発生するおそれのある業務に一定期間以上従事した者等法令の要件を満たす者に対して、都道府県労働局長から健康管理手帳が交付され、離職後も国費によりこれらの業務に係る健康診断の受診機会が与えられるものである。

子の有害性のレベルが高いほど、またばく露期間が長いほど健康への影響としての疾病が現れてくるといわれます。

　最近の業務上疾病統計からは、「災害性腰痛等の負傷に起因する疾病」が最も多く、次いで「騒音性難聴、熱中症等の物理的因子による疾病」「振動障害、頸肩腕症候群等の作業態様に起因する疾病」「有機溶剤中毒等の化学物質による疾病」「じん肺およびじん肺合併症」の順になっています。

　職業性疾病の発生割合が中小企業において高い実情にありますが、それは有害業務の担い手が中小企業に多いためであり、また、一般に事業場規模が小さいほど作業環境管理、作業管理、健康管理、労働衛生教育などの面で労働衛生対策が立ち遅れていることが主な原因と考えられます。

　このような職業性疾病を予防するためには、有害因子を有害でないものに代替するか、そのばく露レベルを低下させることが有効な対策となります。

　また、じん肺や職業がんのように、長い期間を経て健康影響が現れるものに対する予防管理も、重要な労働衛生対策の１つです。

【2】労働衛生対策の進め方

　労働衛生対策を進めるにあたっては、事業場の業種・業態、規模、有害業務などを考慮のうえ、まず労働衛生管理組織を整備することが不可欠です。

　次に労働衛生管理を行う場合に、その手法として作業環境管理、作業管理、健康管理のいわゆる労働衛生における３管理を、総合的に実施することが必要です。さらに、労働衛生の意義について正しい認識を労働者にもたせるための労働衛生教育が、重要となってきます。

(1)　労働衛生管理組織の整備

　　労働衛生対策を円滑かつ効果的に推進するためには、事業者自身が労働衛生管理の重要性を理解し、自らの責任においてその管理組織を整備していくことが不可欠です（第１編第３章（32ページ）を参照）。

　　このうち衛生管理者（免許資格が必要）は、工場長などの総括安全衛生管理者の指導のもとで、健康障害の防止活動、その他事業場の労働衛生対策（休業疾病統計の作成を含む）の計画、実施など技術的事

項を担当します。実務上は、労働衛生管理の要として、産業医などとの連携のもとで活動をします。

　健康管理に関して特に重要な役割を担う産業医については、労働者の健康管理活動を進める場合に、職場の実態をよく知っている衛生管理者やラインの安全衛生担当者などと、十分連携をとることが必要となります。また産業医は、直接事業者に対して労働者の健康管理などについて必要な勧告を行うこともできます。

表12　産業医の職務

> ①　健康診断および面接指導等の実施ならびにこれらの結果にもとづく労働者の健康を保持するための措置に関すること
> ②　心理的な負担の程度を把握するための検査（ストレスチェック）の実施ならびに面接指導の実施およびその結果に基づく労働者の健康を保持するための措置に関すること
> ③　作業環境の維持管理に関すること
> ④　作業の管理に関すること
> ⑤　①～④のほか、労働者の健康管理に関すること
> ⑥　健康教育、健康相談その他労働者の健康の保持増進を図るための措置に関すること
> ⑦　衛生教育に関すること
> ⑧　労働者の健康障害の原因の調査および再発防止のための措置に関すること

● ポイント解説 ●

　産業医は、労働者の健康管理等を行うのに必要な医学に関する知識についての研修であって厚生労働大臣の指定する者が行うものを修了した者等、一定の要件の者でなければなることはできない。

● ポイント解説 ●

　平成18年4月1日に施行された改正労働安全衛生法およびこれを踏まえた厚生労働省の「過重労働による健康障害防止のための総合対策」（平成18年3月17日付け基発第0317008号、改正平成31年4月）において、過重労働による健康障害防止対策の充実強化の一環として、労働者の時間外・休日労働時間に応じた医師による面接指導等を実施することとされた。これは、常時50人以上の労働者を使用する事業場では産業医によるが、常時50人未満の労

働者を使用する事業場では地域窓口（地域産業保健センター）を活用するなどして面接指導を実施する必要がある。主な具体的内容は、次のとおりである。

① 事業者は時間外・休日労働時間が1月当たり80時間を超え、かつ疲労の蓄積が認められる労働者であって、申し出を行ったものについては、医師による面接指導を実施しなければならない。

② 事業者は時間外・休日労働時間が1月当たり100時間を超える研究開発業務従事者については、当該労働者の申し出がなくても医師による面接指導を実施しなければならない。

③ 事業者は、1週間当たりの健康管理時間（「事業場内にいた時間」＋「事業場外において労働した時間」）が40時間を超えた場合におけるその時間について、1月当たり100時間を超える高度プロフェッショナル制度対象労働者に対して、労働者の申し出がなくても医師による面接指導を実施するよう努めなければならない。

④ 事業者は、時間外・休日労働の算出を行ったときは、当該超えた時間が1月当たり80時間を超えた労働者に対して、速やかに当該超えた時間に関する情報を通知しなければならない（高度プロフェッショナル制度対象労働者を除く）。

⑤ 医師による面接指導を実施した場合は、その結果にもとづき、労働者の健康を保持するために必要な措置について、医師の意見を聴かなければならない。

⑥ 面接指導の対象となる労働者以外の労働者であっても、脳・心臓疾患の発症の予防的な意味を含め、健康への配慮が必要なものに対して、必要な措置を講ずるよう努めなければならない。

(2)　作業環境管理

作業環境管理は、有機溶剤などの作業環境中の種々の有害要因を取り除くことを目的とします。職場における労働者の健康障害を防止するための最も基本的な対策の1つです。

作業環境管理を進めるにあたっては、まず作業環境測定基準（昭和51年労働省告示第46号）に従って的確な作業環境測定を行い、その結果を作業環境評価基準（昭和63年労働省告示第79号）に基づいて評価することが必要となります。次に、その結果と健康診断結果を参考にして、労働者の健康を保持するために必要となる作業工程・使用原材料の変更、機械設備の改善、有害物の発散源に局所排気装置および用

表13 作業環境測定を行うべき作業場

　作業場の種類の欄に○印を付した作業場は、指定作業場であり、測定は作業環境測定士が行わなければならない。

作業場の種類 (労働安全衛生法施行令第21条)		関連規則	測定項目	測定回数	記録の保存年
○1	土石、岩石、鉱物、金属または炭素の粉じんを著しく発散する屋内作業場	粉じん則26条	空気中の粉じん濃度、遊離けい酸含有率	6月以内ごとに1回	7
2	暑熱、寒冷または多湿の屋内作業場	安衛則607条	気温、湿度、ふく射熱	半月以内ごとに1回	3
3	著しい騒音を発する屋内作業場	安衛則590条591条	等価騒音レベル	6月以内ごとに1回	3
4	坑内の作業場 (1)炭酸ガスが停滞しまたはそのおそれのある作業場	安衛則592条603条612条	空気中の炭酸ガス濃度	1月以内ごとに1回	3
	(2)気温が28℃を超え、またはそのおそれのある作業場		気温	半月以内ごとに1回	3
	(3)通気設備のある作業場		通気量	半月以内ごとに1回	3
5	中央管理方式の空気調和設備を設けている建築物の室で、事務所の用に供されるもの	事務所則7条	空気中の一酸化炭素および二酸化炭素の含有率、室温および外気温、相対湿度	原則として2月以内ごとに1回	3
		事務所則7条の2(室の建築、大規模の修繕または大規模の模様替を行ったとき)	空気中のホルムアルデヒドの濃度	当該室の使用を開始した日以後最初に到来する6月から9月までの期間に1回	－

作業場の種類 （労働安全衛生法施行令第21条）		関連規則	測定項目	測定回数	記録の 保存年
6	放射線業務を行う作業場 　（1）放射線業務を行う管理区域	電離則 53条 54条 55条	外部放射線による線量当量率	1月以内ごとに1回 （特定の場合には6月以内ごとに1回）	5
	○（2）放射性物質取扱作業室 ○（3）事故由来廃棄物等取扱施設 　（4）坑内の核原料物質の掘採の業務を行う作業場		空気中の放射性物質濃度	1月以内ごとに1回	5
○7	特定化学物質のうち第一類物質・第二類物質を製造し、または取り扱う屋内作業場（特別有機溶剤業務以外の特別有機溶剤等を製造し、または取り扱う業務、コバルトおよびその無機化合物、酸化プロピレン、三酸化二アンチモン、ジメチル‐2,2-ジクロロビニルホスフェイト（DDVP）、ナフタレン、リフラクトリーセラミックファイバーまたはこれらを含有する製剤等を製造し、または取り扱う作業で厚生労働省	特化則 36条	空気中の第1類または第2類物質の濃度	6月以内ごとに1回	3 特別管理物質については30年間

作業場の種類 （労働安全衛生法施行令第21条）		関連規則	測定項目	測定回数	記録の 保存年
○7	令で定めるものを除く。）など				
	特定有機溶剤混合物（特別有機溶剤と有機溶剤の合計含有量が5％を超えるもの）を製造し、または取り扱う屋内作業場	特化則36条の5（有機則第28条を準用）	空気中の特別有機溶剤および有機溶剤の濃度	6月以内ごとに1回	3
	石綿等を取り扱い、もしくは試験研究のため製造する屋内作業場もしくは石綿分析用試料等を製造する室内作業場	石綿則36条	空気中の石綿の濃度	6月以内ごとに1回	40
○8	一定の鉛業務を行う屋内作業場	鉛則52条	空気中の鉛濃度	1年以内ごとに1回	3
※9	酸素欠乏危険場所において作業を行う場合の当該作業場	酸欠則3条	空気中の酸素濃度 $\left(\begin{array}{l}\text{硫化水素発}\\\text{生危険場所}\\\text{の場合は同}\\\text{時に硫化水}\\\text{素濃度}\end{array}\right)$	作業開始前ごと	3
○10	次の有機溶剤業務を行う屋内作業場 $\left(\begin{array}{l}\text{第1種有機溶剤}\\\text{第2種有機溶剤}\end{array}\right)$	有機則28条	空気中の有機溶剤濃度	6月以内ごとに1回	3

※を付した作業場の測定は、酸素欠乏危険作業主任者に行わせること。

表14　作業環境評価基準（管理区分）

管理区分	作業場の状態	講 ず べ き 措 置	
第1管理区分	当該単位作業場所のほとんど（95％以上）の場所で気中有害物質の濃度が管理濃度を超えない状態であり、作業環境が適切であると判断される状態	現在の管理の継続的維持に努める。 （参考） 第1管理区分が2年以上継続 ↓ 労働基準監督署長へ特例許可申請 ↓ 許可を受ける ↓ 特例の測定方法による測定の実施	
第2管理区分	当該単位作業場所の気中有害物質の濃度の平均が管理濃度を超えない状態であるが、作業環境になお改善の余地があると判断される状態	施設、設備、作業工程または作業方法の点検を行い、その結果に基づき、作業環境を改善するため必要な措置を講ずるよう努める。	
第3管理区分	当該単位作業場所の気中有害物質の濃度の平均が管理濃度を超える状態で、作業環境管理が適切でないと判断される状態	①施設、設備、作業工程または作業方法の点検を行い、その結果に基づき、施設または設備の設置または整備、作業工程または作業方法の改善をするため必要な措置を講ずる。 →	改善措置の効果確認のための測定および評価の実施 ↓ 第1管理区分または第2管理区分になるようにする
		②有効な呼吸用保護具を使用する。 ③（産業医等が必要と認める場合には）健康診断の実施その他労働者の健康の保持を図るため必要な措置を講ずる。	

（安衛法第65条の2）（有機則　第28条の2～28条の4）　（粉じん則　第26条の2～26条の4）
　　　　　　　　　　（鉛　則　第52条の2～52条の4）　（石綿則　第37条～39条）
　　　　　　　　　　（特化則　第36条の2～36条の4）　作業環境評価基準

後処理施設を設置するなどして有害要因を除去したり、有機溶剤などのばく露レベルの低減を図ることが必要です。また、機械設備・局所排気装置などの性能維持のための定期自主検査および点検と保守管理も、適正な作業環境の実現のために大切です。

このように、作業環境測定は測定自体が目的ではなく、その結果の評価に基づいて必要な措置が講じられ、良好な作業環境の実現・維持につながるものでなければなりません。作業環境測定を作業環境測定機関に委託する場合にも、測定結果の適切な評価とそれに基づく措置を実施するため、測定機関と十分な意思疎通を図ることが重要です。

以上の見地から、事業場における作業内容を十分に把握し、測定機関に対して測定条件に関する必要な情報を提供することが大切です。

(3)　作業管理

有害物質、有害エネルギーまたは過度の作業負荷が人体に及ぼす影響は、作業内容や作業の方法のほか、個々人の健康状態によっても異なります。これらの要因を適切に管理して、労働者への影響を少なくすることが作業管理の目的です。

作業管理の進め方としては、有害要因の発生を防止したり、ばく露を少なくするために作業の手順や方法を定める有害作業の管理、作業方法・作業姿勢・使用設備の寸法の変更などにより不具合を改善して身体に過度の負荷がかからないようにする作業条件の管理および保護具等の着用管理があります。

例えば、腰部に過度の負荷がかからないような作業条件と局所疲労を回復させるための体操などを組み合わせた「職場における腰痛予防対策指針」（平成 6 年 9 月 6 日付け基発第547号通達、改正平成25年 6 月18日基発0618第 1 号）があります。

表15　職場における腰痛予防対策指針による具体的な対策（概要）

1　一般的な腰痛の予防対策
　(1)　作業管理
　　①　腰部に過度の負担のかかる作業については、自動化、省力化による労働者の負担の軽減が原則であること。
　　②　その上で、腰部に負担のかかる中腰、ひねり、前屈、後屈ねん転等の不自然な姿勢、急激な動作をなるべくとらないこと。

③　腰部に負担のかかる姿勢、動作をとる場合は姿勢を整え、かつ、急激な動作を避けること。（図参照）

このほか、腰痛の予防に配慮した作業標準を策定すること、休憩設備の確保に努めること。

(2)　作業環境管理

①　筋・骨格系の活動状態を良好に保つために作業場内の温度管理や作業者の保温に配慮すること。

②　作業中の転倒、つまずき等により腰部に瞬間的に過大な力がかかることを避けるために、適切な照明および作業床面を保つこと。

③　不自然な作業姿勢、動作を避けるために、作業空間を十分に確保すること。

④　適切な作業位置、作業姿勢、高さ、幅等を確保することができるよう設備の配置等に配慮すること。

(3)　健康管理

重量物取扱い作業、介護・看護作業等腰部に著しい負担のかかる作業に常時従事する労働者に対し、配置前およびその後6月以内ごとに定期に腰痛の健康診断を実施すること。また、腰痛の予防を含めた健康確保の観点から作業開始前等に腰痛予防体操を実施すること。

(4)　労働衛生教育等

重量物取扱い作業、介護・看護作業、腰痛の予防・管理が必要とされる作業等腰部に著しい負担のかかる作業に従事する労働者に対し、腰痛の予防に配慮した労働衛生教育を実施すること。

また、腰痛に関して労働者が精神的ストレスを蓄積しないよう、上司や同僚の支援や相談窓口をつくる等の組織的な対策を整えること。

2　作業態様別の対策

指針では、腰痛の発生が比較的多い次の5つの作業について、作業態様別の基本的な対策を示しています。

①　重量物取扱い作業
②　立ち作業
③　座り作業
④　福祉・医療分野等における介護・看護作業
⑤　車両運転等の作業

（a）好ましい姿勢　　　（b）好ましくない姿勢

　床から荷物を持ち上げる場合、片足を少し前に出し、膝を曲げてしゃがむように抱え(a)、この姿勢から膝を伸ばすようにすることによって腰ではなく脚・膝の力で持ち上げる。両膝を伸ばしたまま上体を下方に曲げる前屈姿勢(b)を取らないようにする。ただし、膝に障害のある者が軽量の物を取り扱う場合には、この限りでない。

　もう１つの例として、情報機器（パソコン、タブレット、スマートフォン等）作業における労働衛生対策を掲げます。

　IT（情報技術）化が急速に進められた結果、情報機器が広く職場に導入され、誰もが職場において情報機器作業を行うようになり、また、情報機器等の多様化もみられますが、このような状況の中、適正な労働衛生管理が行われないと、情報機器作業者が精神的疲労や身体的疲労を感じることとなります。

　そこで、情報機器作業における労働衛生管理を適正に行うための基準として、「情報機器作業における労働衛生管理のためのガイドライン（令和元年７月12日付け基発第0712第３号）が示されています。

情報機器作業における労働衛生管理のためのガイドラインの概要

1　対象となる作業

　対象となる作業は、事務所において行われる情報機器作業（パソコンやタブレット端末等の情報機器を使用して、データの入力・検索・照合等、文章・画像等の作成・編集・修正等、プログラミング、監視等を行う作業）とし、労働衛生管理を以下のように行うこと。

2　作業環境管理

　作業者の疲労等を軽減し、作業者が支障なく作業を行うことができるよう、照明、採光、グレアの防止、騒音の低減措置等について基準を定め、情報機器作業に適した作業環境管理を行うこと。

3　情報機器等の選定

　次の情報機器、関連什器等についての基準を定め、これらの基

準に適合したものを選定し、適切な情報機器等を用いること。

① デスクトップ型機器

② ノート型機器

③ タブレット、スマートフォン等

④ その他の情報機器

⑤ ソフトウェア

⑥ 椅　子

⑦ 机または作業台

4　作業管理

(1)　作業時間管理等

①　作業時間管理

作業者が心身の負担が少なく作業を行うことができるよう、次により作業時間、作業休止時間等について基準を定め、作業時間の管理を行う。

1日の作業時間	一連続作業時間	作業休止時間	小休止
他の作業を組み込むことまたは他の作業とのローテーションを実施することなどにより、1日の連続情報機器作業時間が短くなるように配慮すること。	1時間を超えないようにすること。	連続作業と連続作業の間に10~15分の作業休止時間を設けること。	一連続作業時間内において1~2回程度の小休止を設けること。

②　業務量への配慮

作業者の疲労の蓄積を防止するため、個々の作業者の特性を十分に配慮した無理のない適度な業務量となるよう配慮すること。

(2)　情報機器等の調整

作業者にディスプレイの位置、キーボード、マウス、椅子の座面の高さ等を総合的に調整させること。

5　情報機器等および作業環境の維持管理

情報機器等および作業環境について、点検および清掃を行い、必要に応じ、改善措置を講じること。

6　健康管理

　作業者の健康状態を正しく把握し、健康障害の防止を図るため、作業者に対して、次により健康管理を行うこと。

(1)　健康診断等

①　健康診断

　情報機器作業に新たに従事する作業者に対して、作業の種類および作業時間に応じ、配置前健康診断を実施し、その後1年以内ごとに1回定期に、定期健康診断を行うこと。

②　健康診断結果に基づく事後措置

　健康診断の結果に基づき、産業医の意見を踏まえ、必要に応じ有所見者に対して保健指導等の適切な措置を講じるとともに、作業方法、作業環境等の改善を進め、予防対策の確立を図ること。

(2)　健康相談

　メンタルヘルス、健康上の不安、慢性疲労、ストレス等による症状、自己管理の方法等についての健康相談の機会を設けるよう努めること。

(3)　職場体操等

　就業の前後または就業中に、体操、ストレッチ、リラクゼーション、軽い運動等を行うことが望ましいこと。

7　労働衛生教育

　情報機器作業に従事する作業者および当該作業者を直接管理する者に対して労働衛生教育を実施すること。

　また、新たに情報機器作業に従事する作業者に対しては、情報機器作業の習得に必要な訓練を行うこと。

8　配慮事項

　高齢者、障害等を有する作業者およびテレワークを行う作業者に対して必要な配慮を行うこと。

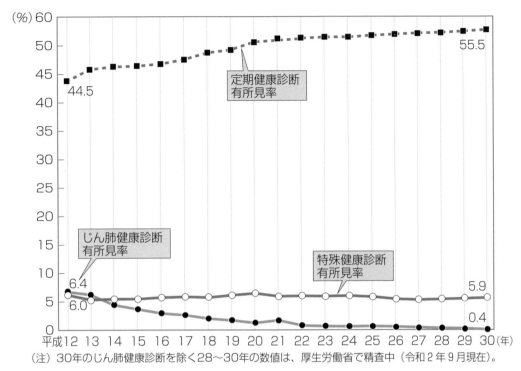

（注）30年のじん肺健康診断を除く28〜30年の数値は、厚生労働省で精査中（令和2年9月現在）。

図32　年別健康診断結果

⑷　健康管理

　　職場における健康管理は、健康診断や健康測定を通じて労働者の健康状態を把握し、作業環境や作業との関連を検討することにより、労働者の健康障害を未然に防止するとともに、より積極的に健康の保持増進を図ることが目的です。

　　健康管理の内容には、健康診断およびその結果に基づく事後措置、健康測定結果に基づく健康指導を含めた生活全般にわたる幅広い活動があります。

　　近年、作業環境管理や職場環境の改善が進み、労働者が高濃度の有機溶剤などへのばく露を受ける状況は少なくなりました。しかし、低濃度の有害物質への長期間ばく露による健康への影響は、今後も継続的に把握していく必要があります。

　　そのような観点から、法定の有機溶剤健康診断、鉛健康診断などの特殊健康診断は重要で、該当労働者には必ず受けさせなければなりません。令和2年には、大幅な健康診断項目の見直しが行われました。

　　また、経済活動のグローバル化に伴い、海外派遣労働者の健康診断

が義務づけられています。

さらに、これからの健康管理は、職場における生活習慣病対策も重要となってきます。今日では、生活習慣病を対象とする検診項目は、労働安全衛生法で定める一般健康診断に取り入れられています。すなわち、高齢化社会を考慮した長期的な観点から、高年齢期に入っても心身ともに快適な生活が送れるよう、継続的かつ計画的に労働者の健康管理と心身両面にわたる健康の保持増進を図り、労働適応能力を向上させることが求められています。

(5) 高年齢労働者に対する配慮

　わが国は、急速に高齢社会に移行しつつあり、労働力人口に占める高年齢労働者の割合も急速に増加しています。高齢社会においては、高年齢労働者が活力を失わずにその能力を十分に発揮することが必要であり、そのような職場をつくっていくことが、本人のためにはもちろんのこと、企業や社会全体の活力を維持するために非常に大切です。

　高年齢労働者は、一般に、豊富な知識と経験をもっていること、業務全体を把握したうえでの判断力と統率力を備えていることが多いですが、一方では加齢に伴い心身機能が低下し、それが労働災害発生の要因の1つとなっています。高年齢労働者においては、災害発生率が20〜49歳の労働者に比べて高く、被災した場合の休業日数も長く、負傷などの程度も重くなる傾向があります。

　令和2年3月には、「高年齢労働者の安全と健康確保のためのガイドライン」（エイジフレンドリーガイドライン）が公表され、事業者は高年齢労働者の就労状況や業務の内容等の実情に応じて、国や関係団体等による支援も活用して、実施可能な労働災害防止対策に積極的に取り組むよう努めることが求められています。

　高年齢労働者に適した安全対策は、すべての労働者に対しても有効であるとの認識のもと、心身機能の低下、新しい技術への対応、若年労働者とのコミュニケーションのあり方などを考慮して、機械設備や作業環境、作業方法の改善などに取り組んでいく必要があります。

(6) 労働衛生教育

　労働衛生教育の目的は、労働者が従事する業務に関する労働衛生の3管理の具体的知識を付与し、自主的に実行できるようにすることで

す。労働衛生教育の種類、進め方などについては、第1編第4章6（70ページ）の項を参照してください。

　なお、オフィス・ワーカーについても、事務室の環境管理やパソコンなどの情報機器作業に関する事項について必要な知識を付与する必要があります。

● ポイント解説 ●

- 健康診断などの健康データは、プライバシーの問題に留意しつつ、各労働者および集団としての長期にわたる経時的な健康観察と職場環境などの見直しにフィードバックするなどして活用することが重要である。個々のデータは正常値の範囲内であっても、集団としてのデータ観察により労働衛生上の問題点を発見することができる。

　健康診断結果（健康測定を行っている場合はその結果とともに）は統計として活用するほか、それを整理した結果を安全衛生委員会に報告して審議し、今後の事業場における労働衛生対策に活用することが望ましい。

- 一般健康診断の結果、特に健康の保持に努める必要のある労働者に対しては、その労働者の自主的な健康管理を促進するため、医師、保健師などによる保健指導を受けさせるよう努めなければならない。

　この保健指導についての相談・指導機関としては、地域産業保健センター等が設置されている。

第2章

健 康 の 保 持 増 進

1 心身両面にわたる健康の保持増進

【1】基本的考え方

　現在のわが国で、国民一人ひとりの生活の質に影響を与える健康問題として、生活習慣病と心理・ストレスを背景とするメンタルヘルス不調が重要視されています。近年、労働者の高齢化や生活様式の変化により心疾患、高血圧、耐糖能異常などの生活習慣病を持つ者の割合が高くなっています。メンタルヘルス不調は、行動障害、心身症、神経症、精神病など、心の不健康状態を総称する言葉ですが、このことへの対応の関心は社会的にも職域においても高まっています。

　また、ライフスタイルの偏りに起因する健康問題として、運動不足、食行動の偏り（特に過食）、多量飲酒などが比較的高頻度にみられています。

　こうした健康問題を解決するための活動が、健康の保持増進対策の具体的な内容です。身体機能の低下や疾病については、日常的に運動を行い、適切な食生活と健康的な生活習慣を維持し、ストレスをコントロールすることにより、かなり予防できることが明らかにされてきました。

　一方、労働者が働く職場には労働者自身の力で取り除くことのできない健康障害要因、ストレス要因などが存在しています。したがって、労働者の健康を確保していくには、労働者の自助努力とともに事業者の行う健康管理が必要であり、その効果が期待されています。

　このため、国においては、「事業場における労働者の健康保持増進のための指針」（昭和63年9月1日付け健康保持増進のための指針公示第1号、令和2年3月31日改正）を策定するとともに、「心とからだの健康づくり」をスローガンとして、労働者の心身両面にわたる健康保持増進措置（THP：トータル・ヘルスプロモーション・プラン）を推進しているところです。

● ポイント解説 ●

　今日では、健康障害と作業との因果関係が必ずしも明確でない作業関連疾患やストレス関連疾患も労働衛生の対象分野である。これらの疾患は、作業の負荷が大きい過重労働やストレスが発症要因の１つであったり、発症の引き金になったり、あるいは健康障害の増悪因子として関与したものと考えられている。したがって、作業側の要因と労働者のもつ個体側の要因の相互関係に留意しつつ、作業側の要因に対応しようというものである。

　また、高血圧、虚血性心疾患、心身症などを有する労働者は、自己管理を行うべきことは当然であるが、過重労働などの作業側の要因によってこれらの健康障害を増悪させると労災補償の対象となり得るし、この部分は事業者の安全配慮義務が及ぶ範囲である。

● 用語解説 ●

・行動障害

　メンタルヘルス不調の病態の１つで、出社拒否、無断欠勤、職場内での人間関係や仕事上のトラブルの多発、多量飲酒などがある。

・生活習慣病

　生活習慣病は以前は成人病と呼ばれていた疾病であるが、遺伝性の疾病を除き、生活習慣・環境を改善すれば（すなわちライフスタイルの偏りを少なくすれば）、予防に効果があるという観点から、このように呼ばれている。

　その代表的なものに、高血圧、糖尿病、悪性腫瘍などがあるが、労働者の高齢化とともに予防管理の対象とされる疾病は、肝疾患、脳血管疾患、虚血性心疾患など、その種類も増えており、なかでも、内臓脂肪型肥満によるメタボリックシンドロームが注目された。

【2】健康保持増進対策の推進にあたっての基本事項

　事業者は、次の項目に沿って健康保持増進対策を継続的かつ計画的に行う必要があります。また、対策の推進にあたっては、労働者等の意見を聴きつつ事業場の実態に即した取組みを行うことが必要です。

(1)　健康保持増進方針の表明

　　健康保持増進方針は、事業場における労働者の健康の保持増進を図るための基本的な考え方であり、事業者が表明します。

(2)　推進体制の確立

　　健康保持増進対策を推進するため、事業場の実情に応じて、産業医、衛生管理者、保健師等の産業保健スタッフや人事労務管理スタッフを活用し、各担当の役割を定めて事業場内における体制を確立します。

(3)　課題の把握

　　健康保持増進対策を効果的に推進するためには、事業場における課題を把握しこれに応じた対応を行うことが重要です。健康保持増進対策を推進するスタッフ等の専門的な知見も踏まえ、労働者の健康状態等が把握できる客観的な数値等を活用しつつ課題を把握し、健康保持増進措置を検討します。

(4)　健康保持増進目標の設定

　　健康保持増進方針に基づき、把握した課題や過去の目標の達成状況を踏まえ健康保持増進目標を設定し、一定の期間において達成すべき到達点を明らかにします。

(5)　健康保持増進措置の決定

　　健康保持増進方針や事業場における課題および目標を踏まえ、事業場の実情も踏まえつつ、健康保持増進措置を決定します。

(6)　健康保持増進計画の作成

　　健康保持増進目標を達成するため、健康保持増進計画を作成します。計画には、具体的な実施事項、日程など次の事項を含めます。健康保持増進計画は事業場における労働安全衛生に関する計画の中に位置付けることが望ましいとされています。

　　・健康保持増進措置の内容および実施時期に関する事項
　　・健康保持増進計画の期間に関する事項
　　・健康保持増進計画の実施状況の評価および計画の見直しに関する事項

(7)　健康保持増進計画の実施

　　健康保持増進計画に従って健康保持増進対策を適切かつ継続的に実施します。

(8)　実施結果の評価

　　健康保持増進対策の実施結果等を評価して取組みの見直しを行い、新たな目標や措置等に反映させていきます。

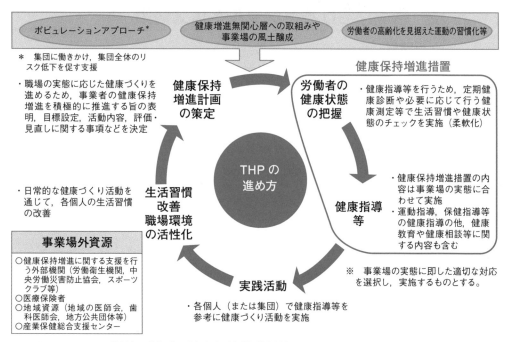

図33　THP指針に基づく健康保持増進対策の進め方（厚生労働省資料より作成）

● 用語解説 ●

・健康診断と健康測定

　健康診断は、いわゆる生活習慣病をも念頭においた健康状態の把握、有機溶剤等による健康影響・健康障害の早期把握等を行い、労働者の健康を保持するため、必要に応じ作業転換、労働時間の短縮、職場環境の改善等を行うことを主な目的としている。

　健康測定は、健康診断で所見ありと診断された労働者のみならず、すべての労働者を対象に、各人の健康状態を総合的に測定して、より健康で質の高い職業生活が送れるように健康指導を行うことを目的としている。

【3】労働者健康保持増進事業場外資源の活用

　健康保持増進の推進にあたっては、産業保健スタッフや人事労務管理スタッフ等、事業場内推進スタッフに加えて、必要に応じて事業場外資源を利用することも可能です。これには、中央労働災害防止協会や労働衛生機関、スポーツクラブ等のほか、産業保健総合支援センターや地元医師会、医療保険者などがあげられます。

2　職場におけるメンタルヘルス対策

【1】背景

　近年、職場生活等において強い不安やストレスを感じる労働者が増加し、さらに、業務による心理的負荷を原因として精神障害を発症し、あるいは自殺に至る事案が増加するなど、メンタルヘルス対策に関する一層の取組みが重要な課題となっています。

　このため国は平成12年に、事業場において事業者がメンタルヘルス対策を進める上で実施することが望ましい事項について示した「事業場における労働者の心の健康づくりのための指針」（平成12年8月9日付け基発第522号の2通達）を、さらに平成18年には「労働者の心の健康の保持増進のための指針」（平成18年3月31日付け健康保持増進のための指針公示第3号、平成27年11月30日改正）を策定し、その普及・定着を図っています。

　また、平成26年6月に公布された改正労働安全衛生法（平成26年法律第82号）により、事業者に労働者のストレスチェックと面接指導等の実施を義務付ける制度が創設されました。

　この制度は労働者のメンタルヘルス不調の未然予防（一次予防）を目的としており、労働者自身のストレスへの気づきを促し、ストレスの原因となる職場環境の改善につなげるために実施されるものです。

【2】指針の概要

　公示された指針では、事業場で心の健康づくりに関する問題点を解決する具体的な方法等について定めた「心の健康づくり計画」を策定することが重要であるとし、また、事業場における心の健康づくり対策を4つのケアに分類し、それぞれ以下のような対策を示しています。

(1)　セルフケア（労働者が自ら行うストレスへの気づきと対処）

①　労働者に対する正しい知識の付与

②　事業場内外で、労働者が自主的な相談に応じられる体制の整備

(2)　ラインによるケア（管理監督者が行う職場環境等の改善と相談への対応等）

①　職場環境等の改善および個々の労働者に過度な長時間労働、過重な疲労、心理的負荷が生じないようにする等の配慮

②　心の健康問題に関する労働者からの相談への対応

(3)　事業場内産業保健スタッフ等によるケア（産業医、衛生管理者等の事業場内産業保健スタッフ等による専門的ケア）

①　専門的な立場からの事業場内の問題点の把握および改善

②　相談および職場復帰、職場適応等の指導

③　労働者や管理監督者に対する支援

(4)　事業場外資源によるケア（産業保健総合支援センター等の事業場外の機関や専門家によるケア）

①　事業場外の専門機関等とのネットワークの構築

②　家族、地域医療機関、地域保健機関等との連携

【3】ストレスチェック制度の概要

ストレスチェック制度では、以下に示す内容が行われます。

(1)　ストレスチェックの実施

常時使用する労働者に対して、1年以内ごとに1回、定期的に、医師、保健師等による心理的な負担の程度を把握するための検査（ストレスチェック）を実施することが事業者の義務とされています（労働者数50人未満の事業場は当面の間努力義務）。

検査結果は、検査を実施した医師、保健師等から直接本人に通知され、本人の同意なく事業者に提供することは禁止されています。

(2)　面接指導の実施

検査の結果、一定の要件に該当する労働者から申出があった場合、医師による面接指導を実施することが事業者の義務となります。

面接指導の申出を理由とする不利益な取扱いは禁止されています。

(3) 就業上の措置の実施

　　面接指導の結果に基づき、医師の意見を聴き、必要に応じ就業上の措置を講じることが事業者の義務となります。

(4) 集団分析と職場環境改善

　　ストレスチェックの実施後、結果を職場ごとに集団的分析を行い、職場環境の改善に活用することが努力義務となります。

　　ストレスチェック制度を効果的なものとするため、事業者は労働者、産業保健スタッフ等関係者との十分な協力・連携の下に行うことが大切です。

　　事業者はストレスチェックに関する基本方針を表明した上で、実施前に衛生委員会等において必要事項の審議を行い、ストレスチェックの目的や実施方法等をあらかじめ全ての労働者に周知しておきましょう。

● ポイント解説 ●

・全ての労働者がストレスチェックを受検することが望ましい。
・面接指導を受ける必要があると認められる労働者は、できるだけ申出を行い、面接指導を受けることが望ましい。
・ストレスチェックの結果の集団分析とその結果を踏まえた措置（職場環境改善）は努力義務であるが、事業者はできるだけ実施することが望ましい。

【4】職場の人間関係とメンタルヘルスケア

　　職場におけるストレスは、職場内の人間関係のみならず、顧客・窓口対応などの対人サービス等によっても起きており、メンタルヘルス対策の大きな課題になっています。さらに職場におけるパワーハラスメント、嫌がらせ、いじめ、暴行、セクシュアルハラスメント等のハラスメントに関する公的機関への相談件数、ハラスメントによる精神障害の労災認定件数も増加しています。

　　そこで、ハラスメント対策を強化するために、労働施策総合推進法、男女雇用機会均等法と育児・介護休業法において、職場のハラスメントに関する規定が改正されています。

快適な職場づくり

1 求められる快適職場づくり

　労働者は、就業日には生活時間の約3分の1を職場で過ごしています。その点で職場は、労働者の生活の場ともいえます。その職場が、汚かったり、暑すぎたり、寒すぎたり、騒音でうるさかったり、不自然な姿勢での作業や大きな筋力を必要とする作業に就いたりする場合には、その人にとって不快であるだけでなく、生産性の面からもマイナスをもたらします。

　それに対し、職場の快適性が確保されると労働災害、健康障害の防止が期待できるのみならず、職場のモラールの向上、事業活動の活性化に対しても良い影響を及ぼすと考えられます。近年の技術革新、サービス経済化の進展などによる労働環境、作業形態の変化、中高年齢労働者や女性労働者の割合の増加などの職場をめぐる環境の変化の中で、就労に伴う疲労やストレスの問題が生じており、快適な職場環境の形成を図ることが求められています。

2 事業者の努力義務

　労働安全衛生法では、快適職場づくりは事業者の努力義務とされています。その事業者が講ずる快適職場づくりの適切かつ有効な実施を図るため「事業者が講ずべき快適な職場環境の形成のための措置に関する指針」（快適職場指針）（平成4年7月1日労働省告示第59号、改正平成9年9月）が公表されており、今後その一層の定着が期待されています。

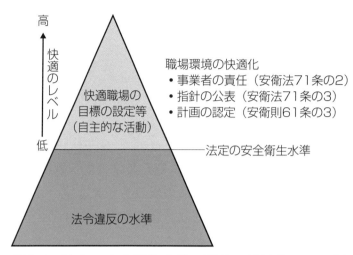

図34　法定の安全衛生水準と職場の快適化との関係

3　快適職場づくりの進め方

　この快適職場指針のめざすものは、「仕事による疲労やストレスを感じることの少ない、働きやすい職場づくり」です。すなわち「快適職場づくり」を事業場の自主的な安全衛生活動の一環として位置づけ、職場の「快適化」活動の目標を安全衛生委員会などで十分に審議して具体化すべきことを定めています。そのためには、次により「職場の快適さ」を高めていくことが望まれます。

　(1)　作業環境、作業方法を点検して職場の快適さの阻害要因を取り除くこと。

　(2)　休憩室などを整備して、疲労の回復を図るための施設を充実すること。

　(3)　洗面所やトイレなどの清潔な生活支援施設を整備すること。

　その際、安全衛生委員会の活動などを通して、職場環境の見直し、改善を中心に、より快適な職場づくりのための対策を継続的、計画的に進めていくことが重要となります。

作業環境を改善した例

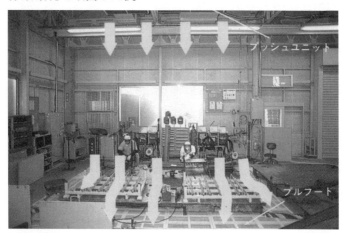

空気環境　プッシュプル型換気装置を導入してスッキリとした溶接職場

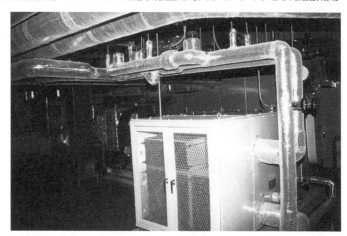

音環境　騒音発生源を機械室（中央のボックスケース）として、別の空間に封じ込めた。

● ポイント解説 ●

　事業者が快適な職場づくりをめざして快適職場推進計画を作成し、その計画が快適職場指針に照らし適切であれば、都道府県労働局長が認定する快適職場推進計画認定制度がある。

　また、労災保険の継続メリット制が適用される中小企業が、この計画の認定を受けて改善に着手した場合、事業者の申請に基づいて労災保険料率の増減割合が最大45％まで拡大される労災保険特例メリット制が適用される。

4 職場における喫煙対策

　喫煙による健康への影響に関する社会的関心が高まる中で、労働者の健康確保の観点から、職場での非喫煙者の受動喫煙（自らの意思とは関係なく、環境中のたばこの煙を吸入すること）を防止するための労働衛生上の対策が求められています。

　平成8年に旧労働省より「職場における喫煙対策ガイドライン」が公表されて以来、多くの事業場で職場の喫煙対策が推進されてきました。

　その後、平成15年5月の健康増進法施行により、多数の人が利用する施設（劇場・展示場・百貨店・飲食店など）では受動喫煙防止対策を講ずることが努力義務化されたほか、平成16年6月には屋内職場、公共交通機関、屋内公共場所等におけるたばこの煙からの保護等について定めた国際条約「たばこの規制に関する世界保健機関枠組条約」にわが国が批准するなど、受動喫煙防止のための施策が進められてきました。

　こうした中、平成26年の労働安全衛生法改正により、事業者に対して労働者の受動喫煙防止対策が努力義務化されました。

　平成30年7月、たばこの受動喫煙防止対策を強化する健康増進法の改正がなされ、従業員に対する受動喫煙対策として、①20歳未満の従業員は、屋内、屋外を含め喫煙エリアへの立入一切禁止、②事業者は、従業員の受動喫煙を防止するための措置を講ずることを努力義務とすること、を設けています。

　労働安全衛生法による努力義務とあわせ、令和元年7月に「職場における受動喫煙防止のためのガイドライン」（P.123）が示されました。

　事業者には、これらの情報も踏まえながら、各々の職場で最も効果的と考えられる受動喫煙防止対策を講ずることが求められているのです。

職場における受動喫煙防止のためのガイドライン（要旨）

（令和元年7月1日基発0701第1号）

1　組織的対策

(1)　事業者・労働者の役割

職場における受動喫煙防止対策を効果的に進めていくためには、企業において、組織的に実施することが重要であり、事業者は衛生委員会、安全衛生委員会等（以下「衛生委員会等」という。）の場を通じて、労働者の受動喫煙防止対策についての意識・意見を十分に把握し、事業場の実情を把握した上で、各々の事業場における適切な措置を決定すること。

(2)　受動喫煙防止対策の組織的な進め方

職場における受動喫煙防止対策の実施に当たり、事業者は、事業場の実情に応じ、次のような取組を組織的に進めることが必要であること。

ア　推進計画の策定

事業者は、事業場の実情を把握した上で、受動喫煙防止対策を推進するための計画（中長期的なものを含む。以下「推進計画」という。）を策定すること。この場合、安全衛生に係る計画、衛生教育の実施計画、健康保持増進を図るため必要な措置の実施計画等に、職場の受動喫煙防止対策に係る項目を盛り込む方法もあること。

なお、推進計画の策定の際は、事業者が参画し、労働者の積極的な協力を得て、衛生委員会等で十分に検討すること。

イ　担当部署の指定

事業者は、企業全体又は事業場の規模等に応じ、受動喫煙防止対策の担当部署やその担当者を指定し、受動喫煙防止対策に係る相談対応等を実施させるとともに、各事業場における受動喫煙防止対策の状況について定期的に把握、分析、評価等を行い、問題がある職場について改善のための指導を行わせるなど、受動喫煙防止対策全般についての事務を所掌させること。

また、評価結果等については、経営幹部や衛生委員会等に適宜報告し、事業者及び事業場の実情に応じた適切な措置の決定に資するようにすること。

ウ　労働者の健康管理等

事業者は、事業場における受動喫煙防止対策の状況を衛生委員会等における調査審議事項とすること。また、産業医の職場巡視に当たり、受動喫煙防止対策の実施状況に留意すること。

エ　標識の設置・維持管理

事業者は、施設内に喫煙専用室、指定たばこ専用喫煙室など喫煙することができる場所を定めようとするときは、当該場所の出入口及び施設の主たる出入口の見やすい箇所に必要な事項を記載した標識を掲示しなければならないこと。

オ　意識の高揚及び情報の収集・提供

事業者は、労働者に対して、受動喫煙による健康への影響、受動喫煙の防止のために講じた措置の内容、健康増進法の趣旨等に関する教育や相談対応を行うことで、受動喫煙防止対策に対する意識の高揚を図ること。さらに、各事業場における受動喫煙防止対策の担当部署等は、他の事業場の対策の事例、受動喫煙による健康への影響等に関する調査研究等の情報を収集し、これらの情報を衛生委員会等に適宜提供すること。

カ　労働者の募集及び求人の申込み時の受動喫煙防止対策の明示

事業者は、労働者の募集及び求人の申込みに当たっては、就業の場所における受動喫煙を防止するための措置に関する事項を明示すること。

(3)　妊婦等への特別な配慮

事業者は、妊娠している労働者や呼吸器・循環器等に疾患を持つ労働者、がん等の疾病を治療しながら就業する労働者、化学物質に過敏な労働者など、受動喫煙による健康への影響を一層受けやすい懸念がある者に対して、これらの者への受動喫煙を防止するため、特に配慮を行うこと。

2　喫煙可能な場所における作業に関する措置

(1)　20歳未満の者の立入禁止

事業者は、20歳未満の労働者を喫煙専用室等に案内してはならないことはもちろん、20歳未満の労働者を喫煙専用室等に立ち入らせて業務を行わせないようにすること（喫煙専用室等の清掃作業も含まれる。）。また、20歳未満と思われる者が喫煙専用室等に立ち入ろうとしている場合にあっては、施設の管理権原者等に声掛けをすることや年齢確認を行うことで20歳未満の者を喫煙専用室等に立ち入らせないようにさせること。

(2)　20歳未満の者への受動喫煙防止措置

事業者は、健康増進法において適用除外の場所となっている宿泊施設の客室（個室に限る。）や職員寮の個室、特別養護老人ホーム・有料老人ホームなどの入居施設の個室、業務車両内等についても、望まない受動喫煙を防止するため、20歳未満の者が喫煙可能な場所に立ち入らないよう措置を講じること。

(3)　20歳以上の労働者に対する配慮

事業者は、20歳以上の労働者についても、望ま

ない受動喫煙を防止する趣旨から、事業場の実情に応じ、次に掲げる事項について配慮すること。
　ア　勤務シフト、勤務フロア、動線等の工夫
　イ　喫煙専用室等の清掃における配慮
　ウ　業務車両内での喫煙時の配慮

3　各種施設における受動喫煙防止対策
(1)　第一種施設（学校、病院、児童福祉施設など）
　健康増進法により「原則敷地内禁煙」とされている第一種施設内では、事業者は、特定屋外喫煙場所を除き、労働者に敷地内で喫煙させないこと。
(2)　第二種施設（第一種施設及び喫煙目的施設以外の施設（一般の事務所や工場、飲食店等も含む。））
　ア　健康増進法により「原則屋内禁煙」とされている第二種施設内では、事業者は、次に掲げるたばこの煙の流出を防止するための技術的基準に適合した室を除き、労働者に施設の屋内で喫煙させないこと。
　　(ア)　喫煙専用室
　　(イ)　指定たばこ専用喫煙室
　イ　事業者は、望まない受動喫煙を防止するため、指定たばこ専用喫煙室を設ける施設の営業について広告又は宣伝をするときは、指定たばこ専用喫煙室の設置施設であることを明らかにしなければならないこと。
　ウ　事業者は、受動喫煙を望まない者が指定たばこ専用喫煙室において業務や飲食を避けることができるよう配慮すること。
　エ　施設の屋内を全面禁煙とし、屋外喫煙所（閉鎖系に限る。）を設ける場合にあっては、これらに要する経費の一部については助成を受けることができること。
(3)　喫煙目的施設（公衆喫煙所、喫煙を主たる目的とするバー、スナック等、店内で喫煙可能なたばこ販売店など）
　ア　事業者は、望まない受動喫煙を防止するため、喫煙目的室を設ける施設の営業について広告又は宣伝をするときは、喫煙目的室の設置施設であることを明らかにしなければならないこと。
　イ　事業者は、受動喫煙を望まない者が、喫煙目的室であって飲食等可能な室内において、業務や飲食を避けることができるよう配慮すること。
(4)　既存特定飲食提供施設（令和2年4月1日時点で、営業している飲食店、個人又は資本金5,000万円以下の会社が経営しているもの、客席面積が100平方メートル以下であること。）

　ア　事業者は、望まない受動喫煙を防止するため、喫煙可能室を設ける施設の営業について広告又は宣伝をするときは、喫煙可能室の設置施設であることを明らかにしなければならないこと。
　イ　事業者は、受動喫煙を望まない者が喫煙可能室において業務や飲食を避けることができるよう配慮すること。また、業務上であるか否かにかかわらず、受動喫煙を望まない者を喫煙可能室に同行させることのないよう、労働者に周知すること。
　ウ　事業者は、望まない受動喫煙を防止するため、既存特定飲食提供施設の飲食ができる場所を全面禁煙として喫煙専用室又は屋外喫煙所を設置する場合には、喫煙専用室を設ける、又は、屋外喫煙所を設けることが望ましいこと。この場合、これらの措置（屋外喫煙所にあっては閉鎖系に限る。）に要する経費の一部について助成を受けることができること。
　エ　健康増進法により次に掲げる事項が求められていることから、事業者はそれらの事項が実施されているか管理権原者に確認すること。
　　(ア)　既存特定飲食提供施設の要件に該当することを証する書類を備えること。
　　(イ)　喫煙可能室設置施設の届出を保健所に行うこと。

4　受動喫煙防止対策に対する支援
　事業者は、3の(2)及び(4)の助成対象となる措置に要する費用の一部への助成など、職場の受動喫煙防止対策に取り組む事業者への支援制度を活用しようとするときは、次に掲げる各制度の問合せ先へ相談することができること。
(1)　助成金に関する事項
　事業場の所在地を所管する都道府県労働局労働基準部健康主務課
(2)　受動喫煙防止対策の技術的な相談
　厚生労働省ホームページで最新の問合せ先を確認すること。
　厚生労働省ホームページ
（https://www.mhlw.go.jp/stf/seisakunitsuite/bunya/koyou_roudou/roudoukijun/anzen/kitsuen/index.html）
(3)　たばこの煙の濃度等の測定機器の無料貸出し
　厚生労働省ホームページ（同上）で最新の問合せ先を確認すること。

第3編

労働災害と
事業者の法的責任

安全は企業経営の根本

　安全なければ企業なしの法理が確立しているといわれます。すなわち、労働者を雇用してそれを組織管理するとともに指揮命令する企業にあっては、名実ともに安全第一に徹すべきという考え方が判例の積み重ねによって明確に示されています。

　今日では安全は経営の根本であって、例えば「能率の増進を図ることもさることながら一度過れば人命にも関わる職場にあっては従業員の好悪（編者注：防護カバーの備え付けがあっても作業困難を理由に、労働者自身が使用するのを嫌う状況があった）にかかわらず、カバー等保安具の使用をこそ強制するなどして人間尊重を第一義に考えるべきであることを忘れ、只一途に生産にのみこれ努めたことが認められる。この認定事実からして被告会社において大事故の発生しなかったことに安んじ可及的安全施策を怠ったものというべき」である（昭和43年3月29日奈良地裁葛城支部判決）とか、企業に「第一に求められるのは、作業環境の保持について、労働者の健康、人命尊重の観点から、その時代にできうる最高度の環境改善に努力することであり、この点について、企業は営利を目的としているのであるから、労働者の健康保持の義務も、企業利益との調和の範囲内で、作業環境の改善を投じれば履行される、という考え方は到底採用できない」（昭和56年9月28日東京地裁判決）といった判例があります。

　企業経営に当たっては、まずこのことを肝に銘じなければなりません。

労働災害に関する事業者責任

1 労働災害防止責任の法体系

　企業に雇用される労働者は使用者の指定した場所に配置され、使用者の供給する施設、器具などを用いて労務の提供を行うものですから、労働者がこれらの物的な施設、器具などを使用しまたは使用者の指示のもとに労務を提供する過程において企業は「労働者の生命及び身体等を危険から保護するよう配慮すべき義務（以下「安全配慮義務」という）を負っている」（昭和59年4月10日最高裁第3小法廷判決）のです。

　この安全配慮義務が職場における労働災害防止の基本となります。

　これは民事上の労働契約に付随する義務であって、これに違反した場合には損害賠償が課せられます。

　この労務提供過程における危険防止義務を前提にして、具体的な危険の種類に応じ、一般的に予想される労働災害に対する危険防止措置を行政取締法として定めて、事業者に罰則をもって強制しているのが労働安全衛生法です（業務上労働者の生命、身体、健康に対する危険防止のための注意義務を怠って「人を死傷させた」場合には、刑法上の業務上過失致死傷罪となり処罰されます）。

　これらの安全配慮義務違反による責任は、労働災害という結果が発生したからという「結果責任」ではなく、災害防止のための手段を尽くすという「予防責任」であり、無過失の結果責任ではありません（無過失責任は業務上災害についての労災補償責任のみです）。

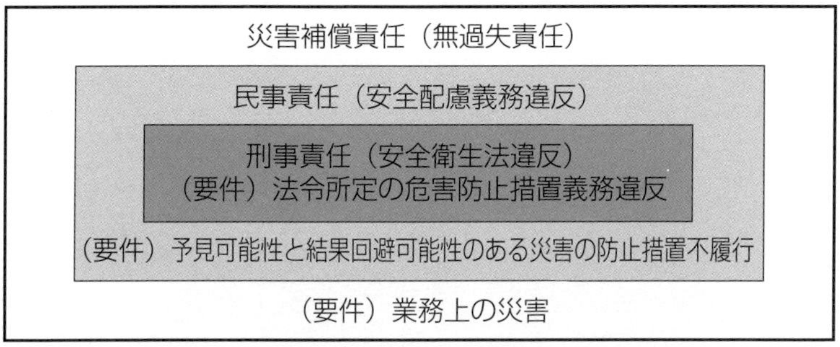

```
災害補償責任（無過失責任）
  民事責任（安全配慮義務違反）
    刑事責任（安全衛生法違反）
    （要件）法令所定の危害防止措置義務違反
  （要件）予見可能性と結果回避可能性のある災害の防止措置不履行
（要件）業務上の災害
```

図35　労働災害と使用者の責任の範囲

2　事業者の安全衛生管理責任

　事業主や管理者は、なぜ職場の安全衛生管理をしなければならないのでしょうか。人道上や社会的責任上の災害防止義務は別の機会に譲るとして、ここでは法律上の義務について述べます。

　結論からいえば、「安全衛生管理」は事業主や管理者に課せられた法律上の義務であり、怠ると刑事上、民事上の責任が問われます。

　すなわち、事業者は労働安全衛生法に基づく災害防止責任としての刑事上の責任のほか、民事上でも災害防止責任を負っています。

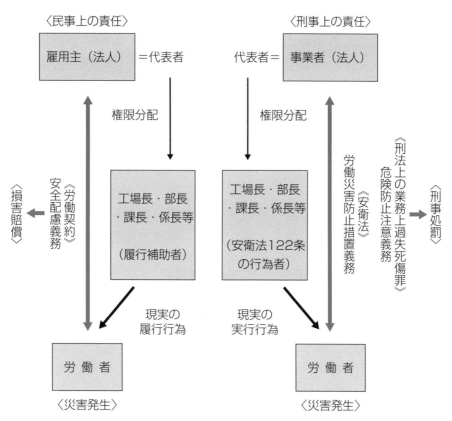

図36　事業者の法律上の安全衛生管理責任

3　労働安全衛生法上の災害防止責任

【1】災害防止責任の主体は事業者

　企業の安全衛生管理について、労働安全衛生法は労働災害の防止のため安全衛生管理組織と各種の具体的な安全衛生基準を定め、罰則をもっ

てその遵守を図っています。

　これらの災害防止措置を実際に実行しなければならない主体について
は、それを「事業者」と定めています。すなわち同法は、安全衛生基準
として、例えば、「事業者の講ずべき措置等」についての第20条をみて
も「事業者は、次の危険を防止するため必要な措置を講じなければなら
ない。

1　機械、器具その他の設備（以下「機械等」という。）による危険
（以下略）」と規定しています。

　このように「事業者は、…………しなければならない」と定め、
「事業者」を労働者の危険防止措置を行うべき責任主体と定めています。

　そして、事業者とは、「事業を行う者で、労働者を使用するものをい
う。」（同法第2条第3号）と定義されているので、まさに「『事業者』
とは、法人企業であれば当該法人、個人企業であれば事業経営主を指し
ている。これは、従来の労働基準法上の義務主体であった『使用者』と
異なり、事業経営の利益の帰属主体そのものを義務主体としてとらえ、
その安全衛生上の責任を明確にしたものである」（昭和47年9月18日付
け基発第91号）と通達されているとおりです。

　つまり、事業を営む株式会社や有限会社といった会社自体が労働安全
衛生法上の措置の義務主体であり、実施責任者と定められています。

表16　労働安全衛生法上の事業者責任

> 　労働安全衛生法では、事業者に対する労働災害防止措置義務が課されており、
> これに違反した場合には、同法第119条、第120条によって刑事罰を科せられる。
> 　法第119条は、危害防止措置を講じなかった事業者、法定の資格を要する作
> 業主任者を選任しなかったり、無資格で危険業務に従事させた事業者等を「6月
> 以下の懲役又は50万円以下の罰金」に処し、第120条は、安全管理者、衛生管
> 理者等を選任しない事業者、安全衛生委員会の設置をしない事業者等を「50万
> 円以下の罰金」に処すと定めている。
> 　処罰されるのは、違反の実行行為者、その者を直接管理監督する課長、工場
> 長等の管理者のほか、法人も罰金刑を科せられる。（第122条、いわゆる両罰規定）
> 　なお、労働災害に関して業務上過失責任が同時に問われることがある。業務
> 上過失致死傷罪に対しては、「5年以下の懲役若しくは禁固又は50万円以下の罰
> 金」に処せられるが（刑法第211条、罰金等臨時措置法第3条）、処罰は重い方
> の範囲内で決められる。

【2】事業者とは経営トップをいう

　労働安全衛生法上の災害防止の責任主体は、企業が法人の場合、会社という法人自体であり、事業者である会社自体が労働安全衛生法の定める措置を講じなければなりません。といっても、会社は自然人と異なり会社自体は何もできません。社名やカンバンだけでは会社は動かないのであり、会社といっても結局それを構成する人間が実際に必要な行為を行わなければならないことになっています。

　そこで、法人としての権利義務を実行するのは、法人の代表機関である代表者、すなわち株式会社の場合には代表取締役となり、一般には「社長」ということになります。

　判例上も「事業主が株式会社である場合に、右義務を負うのは、一般には会社の業務執行権限を有する代表取締役であり、取締役会ではない。通常は代表取締役が会社のため自らの注意義務の履行として防火管理の執行にあたっているものとみるべきである。」（平成3年11月14日最高裁第1小法廷判決）とされています。

　まさに、労働安全衛生法も同様であり、災害防止責任は事業者としての全執行責任を有する企業のトップに課せられています。

　そこで、労災事故が発生した場合、その工場や現場の労働災害発生の防止のために、"社長は事業執行者としていかなる安全対策をとっていたか"つまり"社長は何をやったか""何をやらなかったか"という企業活動における組織の「トップ」に責任が追及されます。

　したがって、事業者責任とは、安全衛生管理についての代表者責任を意味し、法人の場合は、法人の代表者が法人として義務づけられている労働安全衛生法上の措置を会社組織の行為として、実行させていたか否かが問われるのです。

【3】オーナー社長の安全管理責任の重要性

　中小企業では、株式のほとんどを実質的に1人で所有して会社を経営するオーナー社長が多く見受けられます。このようなオーナー社長は経営管理上の実権を一手に握っており、たとえ安全担当の常務取締役といったものであっても、一介の従業員にすぎない権限しか実質的に委ねられていないといったケースも珍しくありません。

そうしたケースで安全担当の役員や総括安全衛生管理者だからといって、災害事故が発生した場合の経営責任としての刑事上の責任がその役員に対して問われるのか、むしろ実質的権限を有するオーナー社長ではないのかが問題となります。

この点について、注目すべき次のような判決が出されています。

すなわち、「Tデパートにおいては、代表取締役のYが、同社の株式のほとんどを所有するいわゆるオーナー社長として、取締役の選任や従業員の人事配置について絶大な権限を有していた上、同社の経営管理業務の一切を統括掌理し、絶えず、各取締役あるいは従業員に対し直接指揮、命令するなどして同社の業務執行に当たっていたというのであり、店舗本館の防火管理についても、取締役会が特に決定権を留保していたなどの事実はなく、Y社長が包括的な権限を有し、これを履行する義務を負っていたものと認められる」として、担当役員には権限が事実上与えられていなかったと判示して無罪が言い渡されています（平成3年11月14日最高裁第1小法廷判決）。

また、一方で「被告人は、代表取締役社長として、本件ホテルの経営、管理事務を統括する地位にあり、その実質的権限を有していたのであるから、多数人を収容する本件建物の火災の発生を防止し、火災による被害を軽減するための防火管理上の注意義務を負っていたものであることは明らかである」として防火管理を怠ったオーナー社長に実刑が科せられている例（平成5年11月25日最高裁第2小法廷判決）もあります。

これは火災事故に伴う死傷災害が発生したケースですが、労働災害防止の事業者責任についても同様であり、会社の代表者たる者は自ら災害防止措置を行うか、自ら行わず他の担当の役職員をして行わせる場合においても、その担当役職員が適切にこれを遂行するよう指揮監督すべき責任を有していることが明らかに判示されています。

【4】各級管理者の安全管理の実行義務

職場の第一線の管理・監督者（課長、係長、班長、職長、世話役、棒心など）の中には、"自分達の任務は、配下の作業員を指揮して仕事さえしておればよく、安全管理は会社の安全管理者や安全担当者などのやることである"ということをいい、部下の労働者の安全管理や作業上の

危険防止に無関心で他人事のように思っている者がいるようです。

　しかし、本来の作業管理や安全管理の責任は、職場で直接に配下作業員を指揮監督する管理・監督者にあるのであって、部下に業務命令を発して指揮監督し、指導・統率して業務を遂行する現場責任者に安全衛生管理の実行が義務づけられているのです。

　労働安全衛生法に定める安全管理義務の実行義務主体は前述したように「事業者」であり、従業員が数人の会社ならば代表者である社長がすべて責任を持って安全衛生措置を講じることができるでしょう。しかし、労働者数が多くなると社長がいちいちこの措置を行うことは困難となります。そこで、その責任と権限をその部下である工場長など各級管理者に委ねて（授権して）行使させることになります。授権された工場長などの管理者も、例えば広い工場の多数の回転軸やベルトの危険性について、その一つひとつを点検することは困難なので、それを部下の部長に授権し、部長は課長に授権し、課長は係長（掛長）に授権するといった具合に、企業内組織に応じてその義務と権限が授権されるのが通例です。

　この法律上の危険防止に必要な実際上の措置を講じなければならないのは、社長に代わって権限を授権された工場長、部・課長、職長といった「第一線の管理・監督者」、すなわち事業者である会社の「代理人、使用人、その他の従業者」となります。そこで、「行為者を罰するほか………法人又は人に対しても……刑を科する」という労働安全衛生法第122条（両罰規定といいます）の意味は重要なものとなり、「事業者は……しなければならない」と定められている措置義務を修正して、事業者より権限を委ねられ、「その業務に従事する代理人、使用人その他の従業者は……しなければならない」という定めを意味することになります（昭和34年6月4日最高裁第1小法廷判決）。したがって、「行為者を罰する」という前記の定めは、まさに労働安全衛生法の措置義務を実行すべき権限と責任を企業組織としての定めによって事業者より分配されて負っている各級の管理・監督者自身を「罰する」ということを意味しているものとなります。このため、これらの者が自己の負うべき労働安全衛生法上の措置を怠った場合には、「行為者」として各個人が処罰を受けることとなります。

①民法第415条 ─ 事業主の安全配慮義
　務の履行代行者ないし補助者としての
　責任（債務不履行責任）

②民法第709条 ─ 部下に対する業務命
　令権限者としての業務上の注意義務の
　懈怠による責任　　　　　　　　　　　　民事責任

③民法第715条 ─ 事業主に代わって総
　括安全衛生管理者をなす者としての代
　理監督者責任

管理・監督
者の安全衛
生管理責任

④労働基準法第10条 ─ 労働者に関する
　事項について事業主のために行為する
　者としての使用者責任

⑤労働安全衛生法第122条 ─ 事業主に
　より労働者に対する安全衛生管理措置
　について権限の付与を受けた者として　　刑事責任
　の行為者責任

⑥刑法第211条 ─ 業務上部下を指揮監
　督して業務を遂行するにあたって必要
　な安全管理上の注意義務を怠ったこと
　による死傷発生についての過失責任

図37　管理・監督者の安全衛生管理上の地位と責任

第3章　民事損害賠償責任

1　民事損害賠償制度の概要

【1】なぜ労働災害に民事損害賠償請求がなされるか

　民法上の損害賠償は、被害者が被った損害を相手方に回復またはてん補させて被害者の救済を図る制度であって、財産的損害のほか精神的損害もてん補の対象となります。

　最近では、一般的な権利意識の高まりもあり、民事損害賠償訴訟によって労災保険でカバーされない損害分を事業者などの加害者側に求めるケースが少なくありません。

【2】損害の種類と範囲

　労働災害における損害賠償の対象となる損害の種類をまとめると次のようになります。

(1)　財産的損害

　　イ　現実に生じた損害

　　　①　物的損害（衣服、所持品、持込み機械器具などの損傷）

　　　②　費用の支出（患者移送費、治療費、通院費、介護費用、住宅改造費、義足などの補装具購入費、葬祭費、弁護士費用など）

　　　③　休業損害（就労できなかったことによる賃金の喪失）

　　ロ　将来の稼得能力の減失による損害

　　　　後遺障害または死亡による逸失利益

(2)　非財産的損害

　　　精神的苦痛に対する慰謝料（被災者本人の死亡時、入・通院時または後遺症残存時の苦痛に対して、本人・近親者が請求することができる）

【3】損害賠償の法的根拠

　労働災害の被災者が事業者に対して民事損害賠償を請求する場合における民事上の責任は、法的根拠からは次の5つに分類されます。

① 債務不履行責任（民法第415条）（労働契約法第5条）

　労働契約の付随義務として安全配慮義務を尽くしてその労働者を災害危険から守る責任

　※判例法として確立されてきた安全配慮義務は、平成20年施行の労働契約法第5条で明文化された。

② 不法行為責任（民法第709条、第715条）

　故意、過失によって労働災害を生じさせたときの加害者とその雇い主などである使用者の責任

③ 工作物瑕疵責任（民法第717条）

　機械設備や構造物などの欠陥によって労働災害を発生させたときのその所有者または占有者の責任

④ 注文者責任（民法第716条）

　工事や生産などの注文または指図に過失があったため労働災害が発生したときの注文者の責任

⑤ 自動車運行供用者責任（自賠責法第３条）

　自動車や車両系の運搬・建設機械の運行上労働災害を発生させた場合のその車両などの所有者または運行の管理支配者の責任

2　安全配慮義務違反と民事損害賠償責任

【1】安全配慮義務違反と責任の範囲

　労働災害防止に関連する事業者の安全配慮義務については、罰則を伴う労働安全衛生法上の措置義務（刑事上の責任）はもちろん、法定の努力義務や行政指導事項（その地域、業界で広く事業者が守るべきことがいきわたっているものに限る）その他職場の業務に応じた措置事項に反して安全配慮義務を尽くさなかったときに、民事上の責任を負うことになります。また、けがの防止のみならず労働者の健康管理全般（職業病の予防、健康診断や作業環境測定の実施、基礎疾患のある者の過労防止、寄宿舎生活の健康確保など）にわたって安全配慮義務違反が、民事損害賠償責任となり得ます。

　なお、安全配慮義務は結果責任ではなく手段を尽くす義務とされていて、災害事故が起こった場合であっても社会通念上相当とされる防止手

段を尽くしていれば損害賠償責任を免れます。ただし、裁判所によるこの予見可能性または危険回避の認定は一般に加害者側（企業側）にとって厳しいとされており、万全の注意を払って労働災害の防止に努めなくてはならないことは論をまちません。

【2】労災保険給付と民事損害賠償の調整

　民事損害賠償と労災保険給付との間では、損害の二重てん補を避けるため、原則として労災保険給付が現実に支給された範囲内で損益相殺の調整が行われます。すなわち、被災者側が労災保険給付を受けた場合には、使用者は、同一の事由についてその価額の限度で民事上の損害賠償責任を免れます（労働基準法第84条）。このため、労災保険給付の対象とならない慰謝料や、労災保険給付の対象となり得る休業補償等でも労災保険給付による補償額を超える部分については、民事損害賠償の対象になります。

　また、労災保険給付のうち、将来にわたる労災年金給付については、現在は、昭和56年の労働者災害補償保険法の改正により、使用者は労災年金給付（障害補償年金、遺族補償年金）の前払一時金が支給される場合にはその限度で、民事損害賠償の履行を猶予、ないし免責されることとなっています（同法第64条）。

　なお、労災保険の社会復帰促進等事業による特別支給金（第４章２

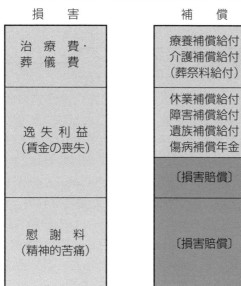

（注）色の濃い部分が調整対象外の損害賠償の範囲である。ただし、過失相殺・寄与率により減額されることがある。

図38　労災補償責任と損害賠償責任

表17　慰謝料の「民事交通事故訴訟損害賠償額算定基準」

```
一 家 の 柱 ―――――――― 2,800万円
母親、配偶者 ―――――――― 2,500万円
独身の男女、子供、幼児等 ―――― 2,000万円〜2,500万円　　（令和2年現在）
```

（公財）日弁連交通事故相談センター東京支部

（143ページ）を参照）については、損害のてん補を直接の目的とするものではないため、民事損害賠償との関係では支給調整の対象とはなりません。

【3】挙証責任と時効

⑴　挙証責任の問題

　　従来より、民事損害賠償訴訟では、不法行為による請求のときは請求者側（被害者側、原告）が相手方（加害者側、被告）に故意または過失のあることを立証しなければならず、労働災害について労働者側が技術的なことを含む事業者の注意義務違反を追及することは容易でないこともありました。一方、近年多く見受けられている労災民事損害賠償訴訟では、債務不履行の請求として労働者側は事業者側がなすべき安全配慮義務を果たさなかったことにより損害を被ったという事実関係を主張（ないし疎明）することから始まり、その主張に対し、事業者側は安全配慮義務を尽くしたことを事実上立証しなければならなくなっています。

● ポイント解説 ●

　　事業者が労働者に対し、労務提供の過程において労働者に危害を被らせて死亡させたり労働能力を低下させることがないように、物的・人的管理を尽くして生命と健康を守りながら就労させるべき義務を安全配慮義務といい、雇用契約に付随して当然含まれている。
　　この安全配慮義務の理念は、近代の労働契約において判例法として確立されたものであるが、この一時代を画した重要な判例として、「自衛隊八戸駐屯地車両工場事件」（昭和50年2月25日最高裁第3小法廷判決）がある。その後、平成20年3月から施行された労働契約法第5条では、労働契約上の付随的義務として、事業者が当然に安全配慮義務を負うことが規定された。

⑵　損害賠償請求権

　　責任原因が債務不履行の場合は、民法上の一般債権の消滅時効10年（民法第166条、第167条）が適用されます。

　　不法行為の場合における消滅時効は３年（民法第724条）と比較的短く、事案によっては訴訟準備中に時効がきてしまうことがあります。

3　労災民事裁判の動向

【1】安全配慮義務違反（債務不履行）が主流

　　労災民事裁判では、近年は安全配慮義務違反を責任原因とするものが主流となっており、その主な理由としては、前述したように挙証責任の問題と消滅時効期間の問題にあると考えられています。

　　安全配慮義務違反に基づく労災民事裁判例は昭和40年代後半から出始め、50年代がピークでしたが、最近では判決は比較的少なく、多くが示談によって解決されているようです。

【2】損害賠償額の高額化

　　最近の労災民事判決における認容額は高額化しています。昭和50年代の高額労災民事事件として5,000～7,000万円台のものがみられていましたが、平成20年には障害等級１級重度障害例で約２億円の判決が出ています。

　　また、高額和解事案としては、化学工場の爆発災害の死亡例や過労死などで１億円を超える例があります。

表18　高額労災民事事件一覧

単位：万円

No.	判決・和解年月日等	事　故　内　容	被害程度、許容額等
1	平成20.4.28 大阪地裁	金属製品メーカーに勤める労働者が、過重労働による脳出血で寝たきりに。	脳出血　　1級障害 1億9,870
2	平成6.9.27 横浜地裁小田原支部	トラッククレーンを用いて原木を大型トラックに積み込み作業中、玉掛ワイヤーが解けて原木が落下	頸椎損傷、1級障害 1億6,524
3	平成14.2.25 大阪地裁 平成16.7.15 大阪高裁	研修医が、過労により突然死（急性心筋梗塞の疑い）	死亡　　1億3,532 控訴審　　　8,434
4	平成19.3.30 大阪地裁 平成20.3.27 大阪高裁	府立病院の麻酔医師が宿日直や残業が多く、急性心機能不全により死亡	死亡　　1億0,692 控訴審　　　7,744
5	平成7.11.21 長野地裁松本支部	県教育委員会の機関が実施した、県内の高校の生徒、顧問教諭らを対象とする冬の野外生活研修中に、雪崩が発生し教員が死亡	死亡　　　　8,846
6	平成17.11.30 東京地裁	解体工事作業中のアルバイトが2階の開口部から転落	頸椎損傷、下半身不随 1級障害　　8,323
7	平成20.9.17 名古屋高裁 平成19.10.5 名古屋地裁	薬局で働いていた薬剤師が、長時間労働のために致死性不整脈で死亡	死亡　　　　8,698 控訴審　　　8,298
8	昭和52.2.28 横浜地裁 昭和54.10.9 東京高裁	エアーグラインダー砥石の破裂による負傷	両目失明、鼻骨骨折 7,595 控訴審で和解 6,080
9	平成22.5.25 京都地裁	飲食店に勤める労働者が、長時間労働による急性心不全で死亡	死亡　　　　7,862
10	昭和60.10.3 松山地裁	海底ケーブル埋設工事中、潜水病に罹患	1級障害　　7,336

【3】過失相殺の範囲の拡大

　最近の労災民事裁判では賠償の範囲が広がってきましたが、過失相殺（民法第418条。損害の公平な分担のため、被災者側の過失割合も考慮して損害賠償額を減額調整する仕組み）の範囲が拡大してきたことも特徴の１つであるといえます（過失相殺が３割、５割、稀（まれ）には７割の裁判例があります）。

　労働者側の自己管理責任または事業者側の災害防止努力への評価に基づいて、被災者側の安全措置への協力義務違反などによる過失相殺が認められるようになっています。

表19　労働災害における過失相殺率別判例件数

労働者の過失相殺率	判例件数	全体比	備考
85%	2件	（約）0.8%	
80	8	3.2	計10件　4.0%
75	4	1.6	
70	17	7.0	計21件　8.6%
66	1	0.4	
65	2	0.8	
60	17	7.0	計20件　8.2%
50	43	17.5	
45	1	0.4	
40	30	12.2	計74件　30.1%
35	4	1.6	
33	3	1.2	
30	44	17.9	計51件　20.7%
25	4	1.6	
20	45	18.3	計49件　19.9%
15	2	0.8	
10	19	7.7	計21件　8.5%
合　　計	246件	100%	

（注）昭和45年1月〜平成12年4月までに文献上公表されているものによる。

災害補償責任と労災保険制度

第4章

1 事業主の災害補償責任

業務上の災害を発生させると、たとえ事業主に過失がなくても被災労働者に災害補償をしなければなりません。これが「労働基準法に基づく災害補償は無過失責任制」と呼ばれるゆえんです。しかし、今日では、事業主の災害補償は休業補償の待機3日分を除き、労災保険制度（労働者災害補償保険制度）による補償に置き換えられています。

2 労災保険制度の概要

労災保険は、被保険者である事業主が保険料を拠出し、国が保険者となる政府管掌保険です。労災保険率は業種別に定められていますが、おおむね3年に一度見直され、業種の安全成績が良くなれば引き下げられます。個別事業場についても、安全成績が良いとメリット制（中小企業には特例メリット制がある）が適用されます。ただし、故意または過失により重篤災害を発生させた事業主には費用徴収がなされるという制度もあります。

保険給付を受けるのは被災労働者および通勤災害被災者で、外国人でも、臨時雇い、パートタイマー、派遣労働者など、国籍・職業・雇用形態を問わずいずれも適用対象となります。法定の保険給付の内容は療養補償給付（療養給付）以下7種類あります。また、保険給付を補足する制度として特別支給金があります。

表20　業務災害等に関する保険給付一覧

業務災害および通勤災害に関する保険給付は次の7種類ある。なお、（ ）内が通勤災害に関する保険給付である。
①療養補償給付（療養給付）　　　⑤葬祭料（葬祭給付）
②休業補償給付（休業給付）　　　⑥傷病補償年金（傷病年金）
③障害補償給付（障害給付）　　　⑦介護補償給付（介護給付）
④遺族補償給付（遺族給付）

● 用語解説 ●

・特別支給金

労災保険制度の社会復帰促進等事業の中の制度の1つで、保険給付の受給権者に対して法定の保険給付に付加して支給されるもので、特別支給金には次の9種類がある。

①休業特別支給金	⑥障害特別一時金
②障害特別支給金	⑦遺族特別年金
③遺族特別支給金	⑧遺族特別一時金
④傷病特別支給金	⑨傷病特別年金
⑤障害特別年金	

なお、このうち⑤から⑨までが、ボーナス等の特別給与を算定の基礎とするいわゆる「ボーナス特別支給金」と呼ばれるものである。

第4編

安全衛生関係機関・団体の紹介

　「会社の安全衛生上の法的義務はおおよそどんなことになっているのだろうか」、「従業員に資格を取らせ、安全教育を受けさせたいが、どのような講習があるのだろうか」、「社員が健康で働きがいのある職場をつくりたいが、どうしたらよいだろうか」、「監督署に出す書類をどのように作成したらよいのだろうか」など事業場で安全衛生を進めるにあたり、わからないことや困った問題にぶつかったら、まず関係機関・団体に相談しましょう。

　安全で健康な職場づくりをサポートする機関・団体が皆さんを応援します。

（紹介している機関・団体の電話番号等は、令和2年9月現在のものです）

第1章

安全衛生関係機関・団体の概要

■ 安全衛生行政の仕組み

＊安全衛生に関する国の機関、手続きについて知りたい。

●厚生労働省－労働局－労働基準監督署

　国の労働基準行政の中央機関が厚生労働省労働基準局です。労働安全衛生法をはじめ、働く人の労働基準に関係する法律（労働基準法、労働者災害補償保険法など）を運用しています。

◇厚生労働省労働基準局安全衛生部に安全課、労働衛生課、化学物質対策課などがあり、安全衛生行政を担当しています。

◇都道府県ごとに都道府県労働局が、さらにその管内の地域ごとに労働基準監督署が設けられています。労働基準行政を全国に展開し、地域と密接な対応をしています。

◇安全衛生関係の法令、報告、届出などの手続き、安全対策や作業環境の改善を進める方法など、まず相談するのが労働基準監督署です。

◇労働基準監督署は全国にありますが、所轄署がわからないときは、各都道府県労働局に問い合わせ、皆さんの事業場を担当する地域の労働基準監督署を紹介してもらいましょう。

●安全衛生の専門研究機関

　産業現場における安全と、働く人の健康を医学的立場から総合的に研究する機関として独立行政法人労働者健康安全機構労働安全衛生総合研究所があります。

厚生労働省労働基準局安全衛生部	TEL 03(5253)1111　（代表）
	ホームページ　https://www.mhlw.go.jp/
独立行政法人労働者健康安全機構	TEL 042(491)4512　（「安全」関係）
労働安全衛生総合研究所	TEL 044(865)6111　（「健康」関係）
	ホームページ
	https://www.jniosh.johas.go.jp/

労働災害防止団体

　事業主の自主的な労働災害の防止活動の促進を通じ、安全衛生の向上を図り、労働災害の絶滅をめざすことを目的としている団体です。労働災害防止団体法に基づいて中央労働災害防止協会（中災防）ほか4つの業種別労働災害防止団体があります。

●中央労働災害防止協会（中災防）

　中災防は災害防止活動を行う事業主団体などを会員とする団体で、主に製造業や第3次産業を対象に幅広く安全衛生活動を展開しています。事業場の安全衛生診断、作業環境測定、経営トップから現場の職長まで各層にわたるセミナーや教育研修、国際協力、さらに調査研究活動や安全衛生に関する図書の出版など幅広く活動しています。東京に本部があるほか全国9か所（支所を含む）に地区サービスセンターなどがあります。

中央労働災害防止協会（中災防）　TEL 03(3452)6841 （代） ホームページ　https://www.jisha.or.jp/	

●業種別労働災害防止団体

　建設業、陸上貨物運送事業、港湾貨物運送事業、林業（木材製造業を含む）の4業種の各労働災害防止団体があります。

建設業労働災害防止協会	TEL 03(3453)8201 ホームページ　https://www.kensaibou.or.jp/
陸上貨物運送事業労働災害防止協会	TEL 03(3455)3857 ホームページ　http://www.rikusai.or.jp/
港湾貨物運送事業労働災害防止協会	TEL 03(3452)7201 ホームページ　http://www.kouwansaibou.or.jp/
林業・木材製造業労働災害防止協会	TEL 03(3452)4981 ホームページ　http://www.rinsaibou.or.jp/

▌都道府県労働基準協会等

＊技能講習、特別教育などを受けたい。
＊その他安全衛生・労働基準などの相談をしたい。

●都道府県労働基準協会・地区労働基準協会

◇　プレス機械や木材加工用機械の作業主任者などになるためには技能講習を修了していること、およびフォークリフトの運転や産業用ロボットの取扱い業務などの特定の業務に就くには特別教育を受けていることが必要です。

　　都道府県労働基準協会等（都道府県単位の労働基準協会（連合会）、労務安全衛生協会等をいいます。）では、他の登録教習機関などと同様に技能講習や特別教育などを実施しています。なお、教育内容や実施時期は協会ごとに異なります。

◇　都道府県労働基準協会等は、安全衛生関係の相談先として最も身近な窓口の１つです。

　　安全衛生関係の技能講習、特別教育など以外にも、各種安全衛生研修、労働基準法、労災保険法、介護休業やパートタイム労働者に関することなど、制度を普及させるための講習会を幅広く開催しています。また、地域の特性に応じて様々な安全衛生行事を実施していますので、これに参加して情報を得ることもできます。

◇　地区労働基準協会はおおむね労働基準監督署の管轄地域ごとにありますが、相談したい地区協会がわからないときは、都道府県労働基準協会にお問い合わせの上、紹介してもらってください。

都道府県労働基準協会等の連絡先については、下記のホームページ等でご確認できます。
　　（公社）全国労働基準関係団体連合会　TEL 03(5283)1030
　　　　　　　　　　　　　ホームページ　https://www.zenkiren.com/

安全衛生関係免許制度

*安全衛生を進めるために必要な免許を取りたい。

●(公財)安全衛生技術試験協会

◇ 労働安全衛生法に定められているボイラー技士、クレーン運転士、エックス線作業主任者、衛生管理者(第1種、第2種および衛生工学衛生管理者の3種類がある)、作業環境測定士などの特定の危険有害業務などに従事する者は、一定の資格が必要とされています。この資格は都道府県労働局長の免許資格ですが、これを取得するためには、(公財)安全衛生技術試験協会が行う試験に合格すること等が必要です。

この協会では下記の労働安全衛生法に定める免許試験の種類のすべてを実施しています。

労働安全衛生法に定める免許試験の種類

特級ボイラー技士	ガス溶接作業主任者
1級ボイラー技士	林業架線作業主任者
2級ボイラー技士	第1種衛生管理者
*特別ボイラー溶接士	第2種衛生管理者
*普通ボイラー溶接士	高圧室内作業主任者
ボイラー整備士	エックス線作業主任者
*クレーン・デリック運転士	ガンマ線透過写真撮影作業主任者
*移動式クレーン運転士	潜水士
*揚貨装置運転士	第1種作業環境測定士
発破技士	第2種作業環境測定士
	労働安全・衛生コンサルタント

(注) 1. *印の試験は学科試験後に実技試験が行われます。
　　 2. クレーン運転士免許試験については床上運転式クレーンに限定されたクレーン運転士免許試験を含むこととしております。
　　 3. 労働安全・衛生コンサルタント免許試験については、筆記試験後に口述試験が行われます。

◇ 安全衛生技術試験協会が開設する安全衛生技術センター(試験場)は全国7か所にありますが、勤務地・住所に関係なくどこの会場でも受けられます。日程、免許試験の種類、受験資格、さらに受験申請手続などについては、各地区安全衛生技術センターにお問い合わせください。

(公財)安全衛生技術試験協会(本部) TEL 03(5275)1088
　　　　　　　　　　　　　　ホームページ　https://www.exam.or.jp/
地区安全衛生技術センター一覧は上記ホームページをご覧ください。

労働安全衛生コンサルタント制度

*専門家に職場の安全衛生をチェックしてほしい。

●(一社)日本労働安全衛生コンサルタント会

◇　労働安全衛生コンサルタント制度は、安全・衛生の専門家が、主として中小企業の事業場の求めに応じ、安全衛生改善計画や作業手順などの作成指導、安全衛生診断およびその結果に基づく改善指導などを行い、事業者の自主的安全衛生活動のお手伝いをする制度です。

◇　労働安全コンサルタントおよび労働衛生コンサルタントは、厚生労働大臣の行う資格試験に合格し、登録を受けて、労働安全コンサルタントと労働衛生コンサルタントになることができます。

◇　(一社)日本労働安全衛生コンサルタント会は本部のほか、都道府県単位に支部があり、労働安全コンサルタントと労働衛生コンサルタントが会員となっています。

> (一社) 日本労働安全衛生コンサルタント会本部
> 　　　　　　　　　　TEL 03(3453)7935
> 　　　　　　　　　　ホームページ　https://www.jashcon.or.jp/

ボイラー、クレーンなどの検査制度

*ボイラー、クレーンなどの検査を行いたい。
*従業員に実技講習を受けさせたい。最新の情報を入手したい。

●(一社)日本ボイラ協会
●(一社)日本クレーン協会
●(公社)ボイラ・クレーン安全協会

◇　ボイラー・圧力容器やクレーン・移動式クレーンなど、特に危険な作業を必要とする機械は一定の検査・検定が必要です。(一社) 日本ボイラ協会、(一社) 日本クレーン協会および (公社) ボイラ・クレーン安全協会では、これらの機械の対象機種について、国に代わって検査・検定を行っています。

◇　性能検査や定期自主検査、メーカーの段階で行う個別検定、さらに輸出先の要請による輸出検査などのほか、登録教習機関として、各機

械ごとの技能講習や特別教育などの安全衛生教育を行っています。

　また、最新の情報について提供を受けることができます。各協会とも本部のほか支部や事務所が全国にあります。

（一社）日本ボイラ協会	TEL 03(5473)4500
	ホームページ　https://www.jbanet.or.jp/
（一社）日本クレーン協会	TEL 03(5569)1911
	ホームページ　http://www.cranenet.or.jp/
（公社）ボイラ・クレーン安全協会	TEL 03(3685)2141
	ホームページ　https://www.bcsa.or.jp/

■特定自主検査制度

＊特定自主検査について知りたい。

●（公社）建設荷役車両安全技術協会、検査業者

◇　動力プレス、フォークリフト、高所作業車、車両系建設機械および不整地運搬車については、特定自主検査が義務づけられています。この特定自主検査はあらかじめ登録を受けた検査業者に依頼することができます。

　なお、検査業者について知りたい場合は、都道府県労働局（安全課または健康安全課）にお問い合わせください。

◇　（公社）建設荷役車両安全技術協会は、車両系建設機械、フォークリフトなど建設荷役車両関係の特定自主検査に関連する事業のほか、検査者資格の取得研修、検査者および検査業者の教育や指導、特定自主検査済標章の頒布、各種技術情報の提供を行っています。本部のほか、都道府県単位に支部があります。

（公社）建設荷役車両安全技術協会　本部　TEL 03(3221)3661	
	ホームページ　http://www.sacl.or.jp/

作業環境測定機関

＊職場の作業環境測定、作業環境管理に関する事項、測定機関について知りたい。

●（公社）日本作業環境測定協会

◇　（公社）日本作業環境測定協会は、職場の作業環境を実際に測定する作業環境測定士や作業環境測定機関の育成、業務改善指導を行っています。作業環境測定に関する情報提供のほか、それぞれの事業場の実態にあった測定機関を紹介してくれます。

（公社）日本作業環境測定協会　　　TEL 03(3456)0443
ホームページ　https://www.jawe.or.jp/

健康診断機関

＊健康診断に関する専門的知識、健診機関について知りたい。

●（公社）全国労働衛生団体連合会

◇　（公社）全国労働衛生団体連合会は、健康診断全般について信頼性をさらに高めるために、技術専門的な研修や精度管理事業などを実施し、事業者に代わって労働者の健康診断を行っています。

◇　全国の多くの健診機関が加入しており、身近な健診機関の紹介をしてくれます。健診機関ごとに、定期健診、特殊健診、歯科健診、人間ドックなど実施できる健診の種類のほか、事業場と提携するにあたって必要な情報を提供してくれます。

（公社）全国労働衛生団体連合会　TEL 03(5442)5934
ホームページ　http://www.zeneiren.or.jp/

産業保健事業（産業保健総合支援センター等）

```
＊従業員の健康相談をしたい。
＊健康診断結果の活用方法がわからない。
＊産業医をお願いしたいが、経費負担が少なくて、身近な人をさがす方法を
　教えてほしい。
```

◇　勤労者の健康確保を図るため、産業医をはじめとする産業保健関係
者、事業場の産業保健活動を支援する機関として、地域産業保健セン
ター等が設置されています。

◇　産業保健総合支援センター等は、（独法）労働者健康安全機構が運
営する機関で、産業保健活動の拠点として都道府県ごとに設置されて
います。専門のスタッフが健康管理や健康教育など産業保健活動全般
の相談に応じるとともに、職場巡視など実践的活動について事業場を
訪問し、具体的方法を助言します。

　　産業保健サービスについてご相談したいときは、各産業保健総合支
援センター等、または独立行政法人労働者健康安全機構産業保健部に
お問い合わせください。

心とからだの健康づくり（THP）

```
＊職場全体としての健康づくりを推進したい。
＊職場のメンタルヘルスについて相談したい。
```

●労働者健康保持増進サービス機関・指導機関

◇　労働生活の全期間を通じて健康に働くためには、継続的計画的に心
身両面にわたり積極的な健康の保持増進をめざすことが必要です。心
とからだの健康づくり（THP）活動は、健康測定とその結果に基づ
く運動指導、メンタルヘルスケア、栄養指導、保健指導などトータル
な健康づくりを進めていく事業で、全国にある労働者健康保持増進サ
ービス機関と指導機関がその支援にあたります。

◇　中災防がこれら機関の登録を実施しておりますので、お問合わせや
各機関の紹介は、中災防・健康快適推進部まで。

経営者のための安全衛生のてびき

平成11年 9 月 1 日	第 1 版第 1 刷発行	
平成14年 6 月 7 日	第 2 版第 1 刷発行	
平成16年 7 月30日	第 3 版第 1 刷発行	
平成18年10月19日	第 4 版第 1 刷発行	
平成22年 6 月10日	第 5 版第 1 刷発行	
平成26年 3 月13日	第 6 版第 1 刷発行	
平成28年 3 月22日	第 7 版第 1 刷発行	
令和 2 年10月30日	第 8 版第 1 刷発行	
令和 3 年10月28日	第 2 刷発行	

編　　　　者	中央労働災害防止協会	
発　行　者	平山　剛	
発　行　所	中央労働災害防止協会	
	〒108-0023	
	東京都港区芝浦 3 丁目17番12号	
	吾妻ビル 9 階	
	電話　販売　03（3452）6401	
	編集　03（3452）6209	
印刷・製本	㈱日本制作センター	